Carambola tre sponde: Modelli a zig-zag

Dai tornei di campionato professionale

Mettiti alla prova contro i giocatori professionisti

Allan P. Sand
PBIA Istruttore di biliardo certificate

ISBN 978-1-62505-314-5
PRINT 7x10

ISBN 978-1-62505-468-5
PRINT 8.5x11

First edition

Copyright © 2019 Allan P. Sand

All rights reserved under International and Pan-American Copyright Conventions.

Published by Billiard Gods Productions.
Santa Clara, CA 95051
U.S.A.

For the latest information about books and videos, go to: http://www.billiardgods.com

Acknowledgements
Wei Chao created the software that was used to create these graphics.

Sommario

Introduzione 1
Informazioni sui layout della tabella 1
Istruzioni per la configurazione della tabella 2
Scopo dei layout 2
A: Tavolo centrale a zig-zag 3
   A: Gruppo 1 3
   A: Gruppo 2 8
   A: Gruppo 3 13
B: Zig-zag in miniatura da un lato all'altro 18
   B: Gruppo 1 18
   B: Gruppo 2 23
   B: Gruppo 3 28
   B: Gruppo 4 33
   B: Gruppo 5 38
C: Mezzogiorno a zig zag 43
   C: Gruppo 1 43
   C: Gruppo 2 48
   C: Gruppo 3 53
   C: Gruppo 4 58
D: Zigzag da 3/4 tavoli 63
   D: Gruppo 1 63
   D: Gruppo 2 68
   D: Gruppo 3 73
E: Tavolo pieno a zig-zag 78
   E: Gruppo 1 78
   E: Gruppo 2 83
F: Lungo tavolo a zig zag 88
   F: Gruppo 1 88
   F: Gruppo 2 93
   F: Gruppo 3 98
   F: Gruppo 4 103
   F: Gruppo 5 108

Other books by the author …

 3 Cushion Billiards Championship Shots (a series)

 Carom Billiards: Some Riddles & Puzzles

 Carom Billiards: MORE Riddles & Puzzles

 Why Pool Hustlers Win

 Table Map Library

 Safety Toolbox

 Cue Ball Control Cheat Sheets

 Advanced Cue Ball Control Self-Testing Program

 Drills & Exercises for Pool & Pocket Billiards

 The Art of War versus The Art of Pool

 The Psychology of Losing – Tricks, Traps & Sharks

 The Art of Team Coaching

 The Art of Personal Competition

 The Art of Politics & Campaigning

 The Art of Marketing & Promotion

 Kitchen God's Guide for Single Guys

Introduzione

Questo è uno di una serie di libri di carambola 3 sponde che mostrano come i giocatori professionisti prendono decisioni, in base alla disposizione della tabella. Tutti questi layout provengono da competizioni internazionali.

Questi layout ti mettono dentro la testa del giocatore, cominciando dalle posizioni delle palle (mostrate nella prima tabella). La seconda tabella mostra ciò che il giocatore ha deciso di fare.

Informazioni sui layout della tabella

Queste sono le tre palle sul tavolo:

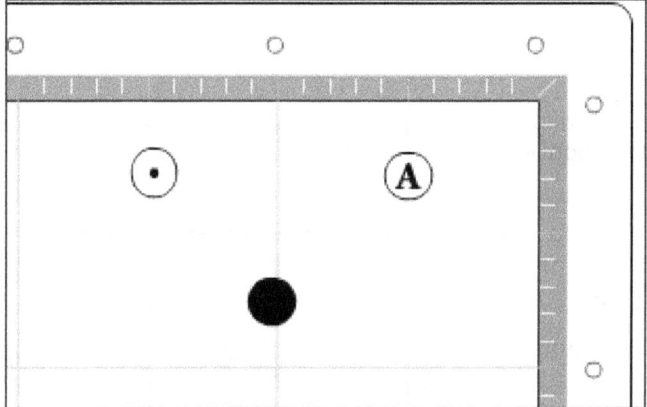

Ⓐ (CB) (la tua palla da biliardo)

⊙ (OB) (palla da biliardo dell'avversario)

● (OB) (palla da biliardo rossa)

Ogni configurazione ha due layout di tabella. La prima tabella è la posizione della palla. Il secondo tavolo è come le palle si muovono sul tavolo.

Istruzioni per la configurazione della tabella

Utilizzare anelli di rilegatura in carta per contrassegnare le posizioni della palla (acquistare presso qualsiasi negozio di forniture per ufficio).

Metti una moneta su ciascun cuscino del tavolo che la (CB) toccherà.

Confronta il tuo percorso (CB) con la configurazione della seconda tabella. Per imparare, potresti aver bisogno di diversi tentativi. Dopo ogni errore, effettuare la regolazione e riprovare finché non si ha successo.

Scopo dei layout

Questi layout sono forniti per due scopi.

- La tua analisi - A casa, puoi considerare come riprodurre la configurazione sul primo tavolo. Confronta le tue idee con il modello attuale sul secondo tavolo. Pensa alla tua soluzione e considera le opzioni. Dalla seconda tabella, puoi anche analizzare come seguire il modello. Mentalmente fai lo sparo e decidi come puoi avere successo.

- Esercitare la configurazione del tavolo - Posizionare le sfere in posizione, in base alla configurazione della prima tabella. Prova a scattare allo stesso modo del secondo modello di tavolo. Potresti aver bisogno di molti tentativi prima di trovare il modo corretto di giocare. È così che puoi imparare e giocare questi colpi durante le competizioni e i tornei.

La combinazione di analisi mentale e pratica pratica ti renderà un giocatore più intelligente.

A: Tavolo centrale a zig-zag

Il (CB) esce dal primo (OB) e va avanti e indietro sul lato opposto. Questo è nella zona centrale del tavolo.

Ⓐ (CB) (la tua palla) - ⊙ (OB) (palla dell'avversario) - ● (OB) (palla rossa)

A: Gruppo 1

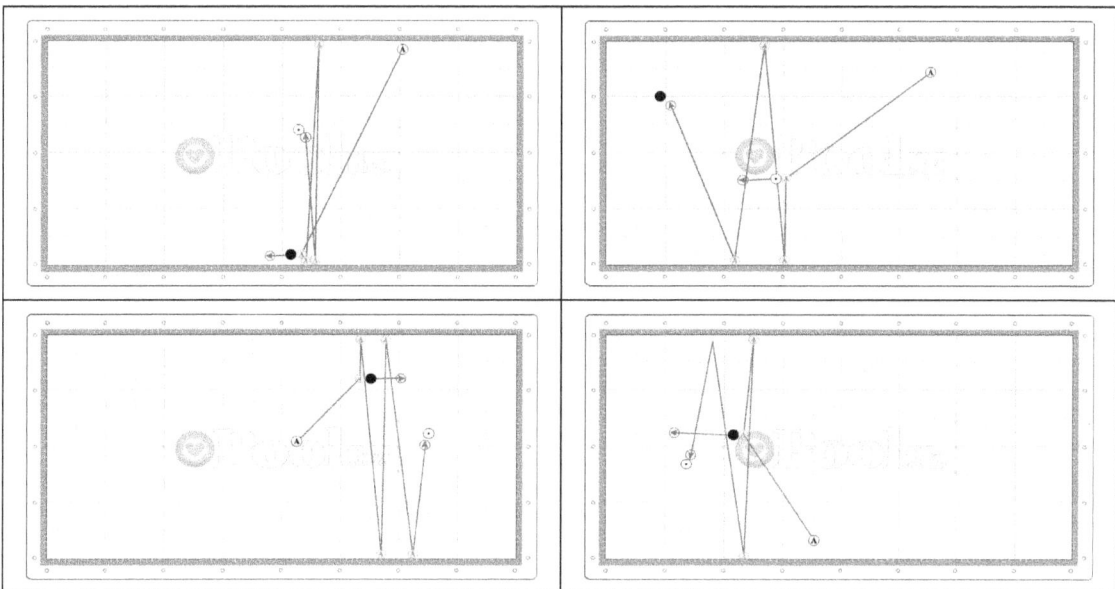

Analisi:

A:1a. _____

A:1b. _____

A:1c. _____

A:1d. _____

A:1a – Impostare

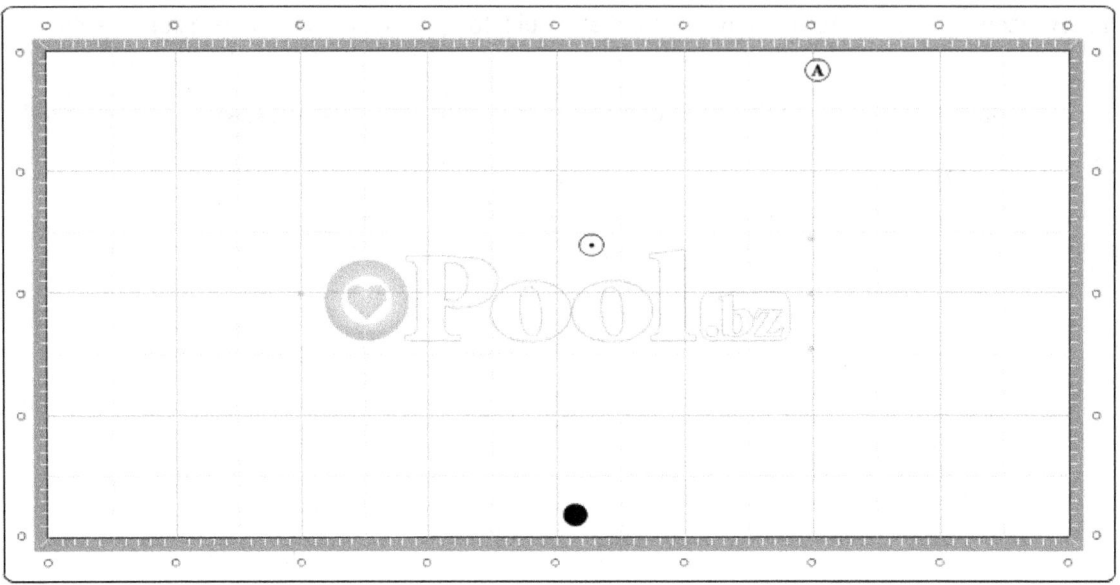

Note e idee:

Modello di colpo

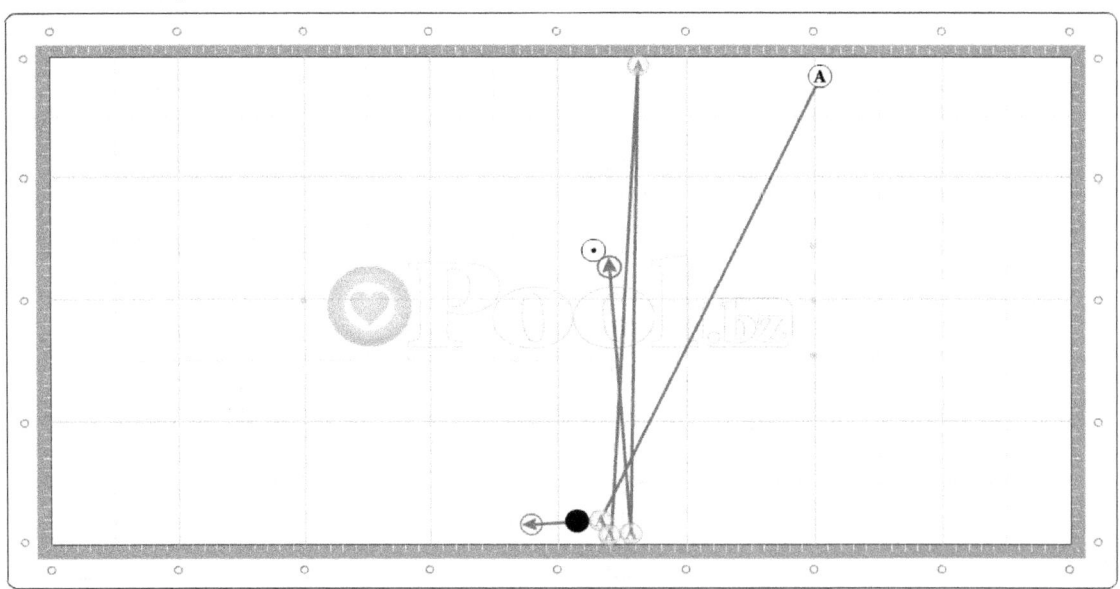

A:1b – Impostare

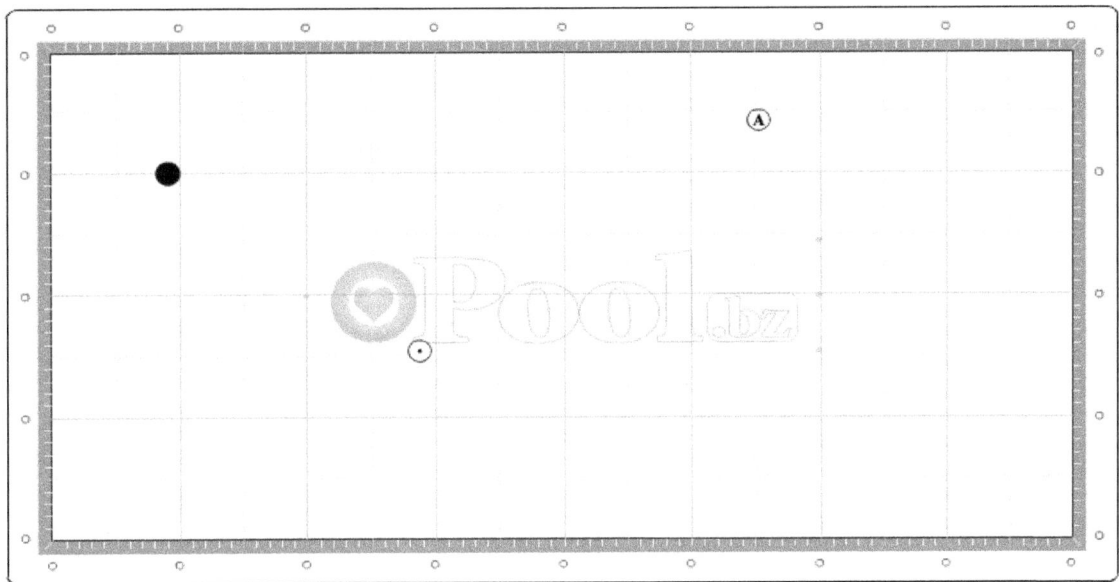

Note e idee:

Modello di colpo

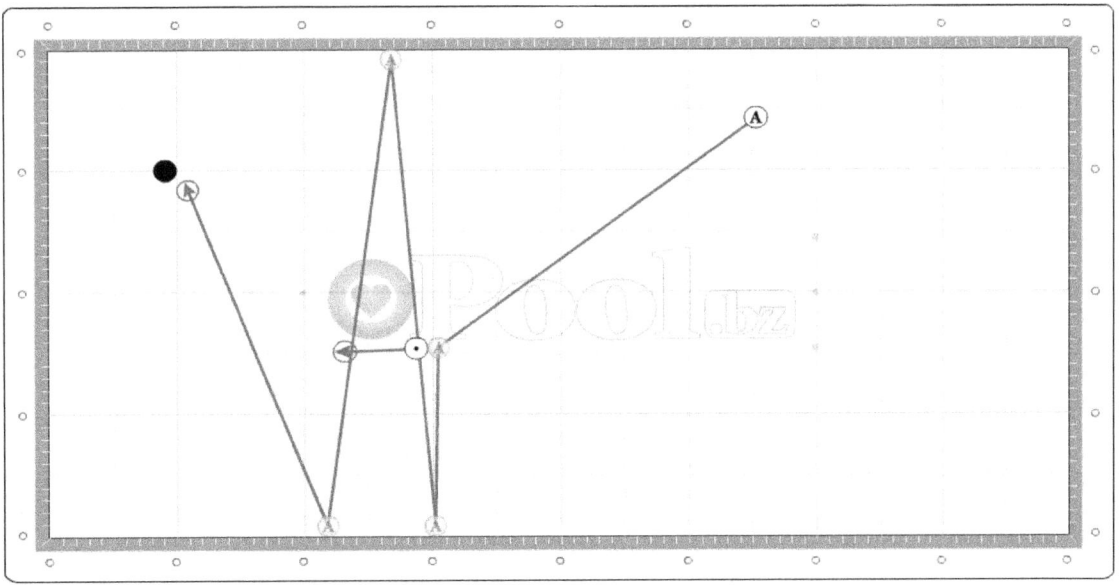

A:1c – Impostare

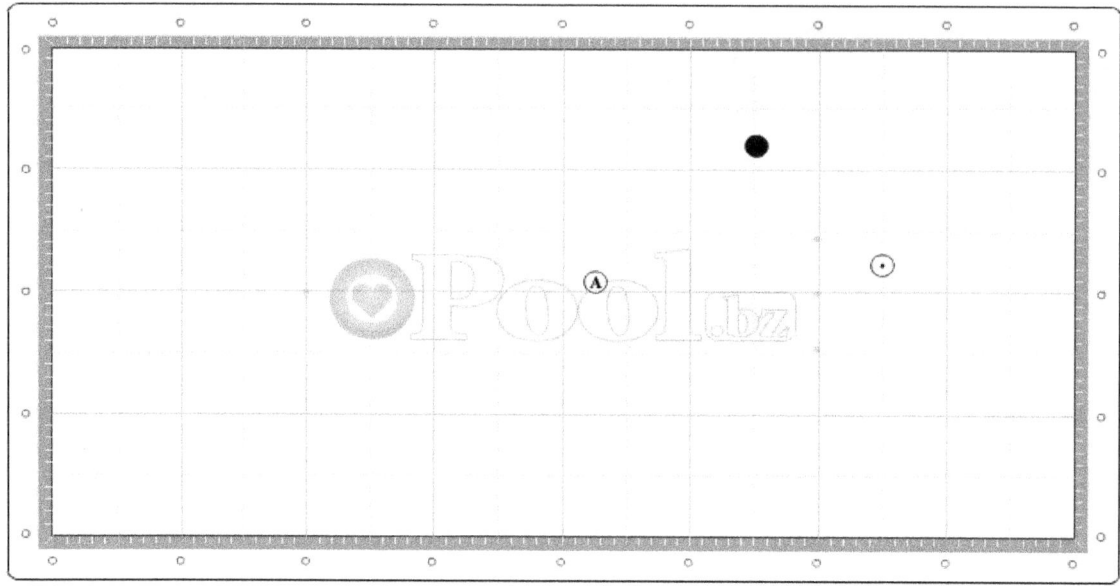

Note e idee:

Modello di colpo

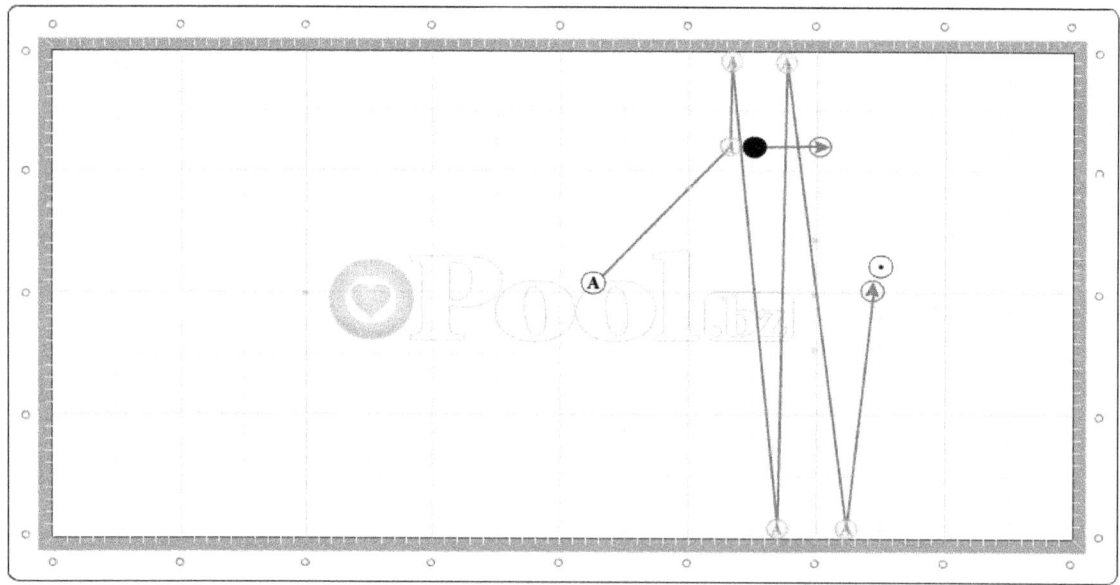

A:1d – Impostare

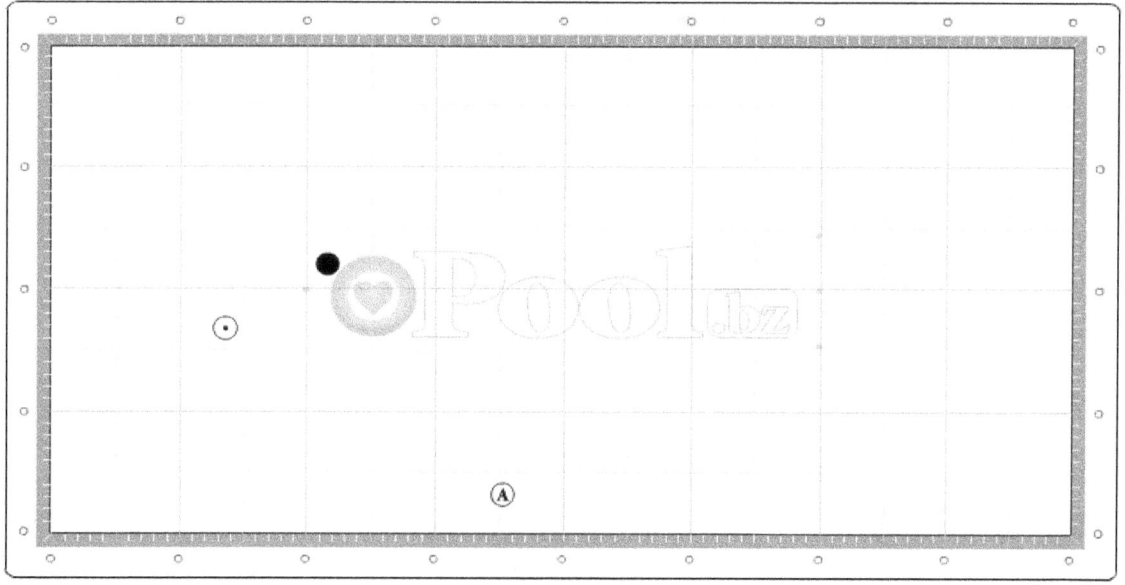

Note e idee:

Modello di colpo

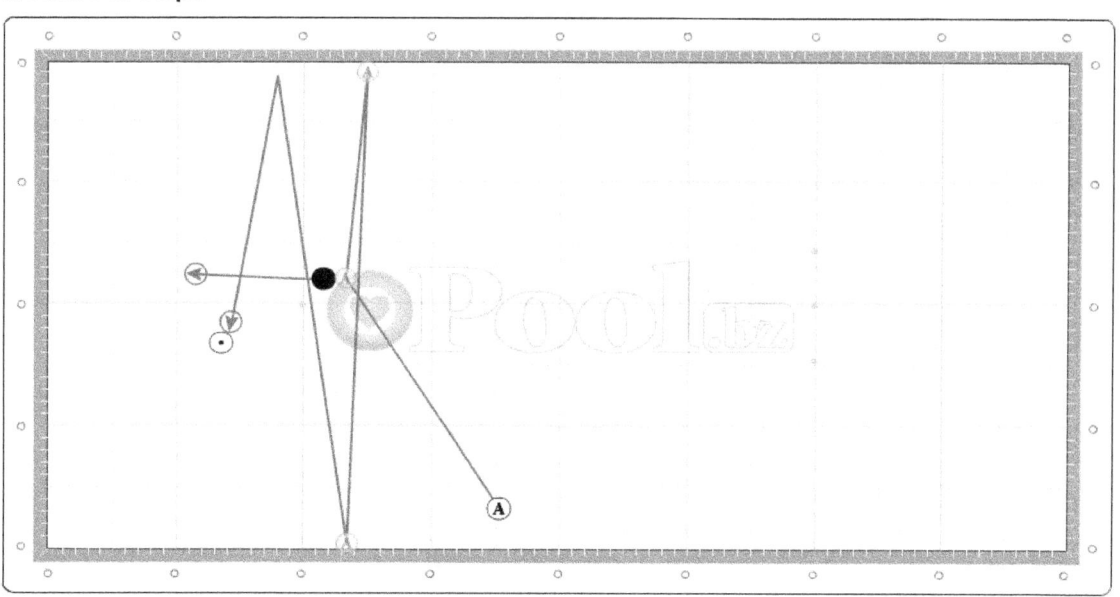

A: Gruppo 2

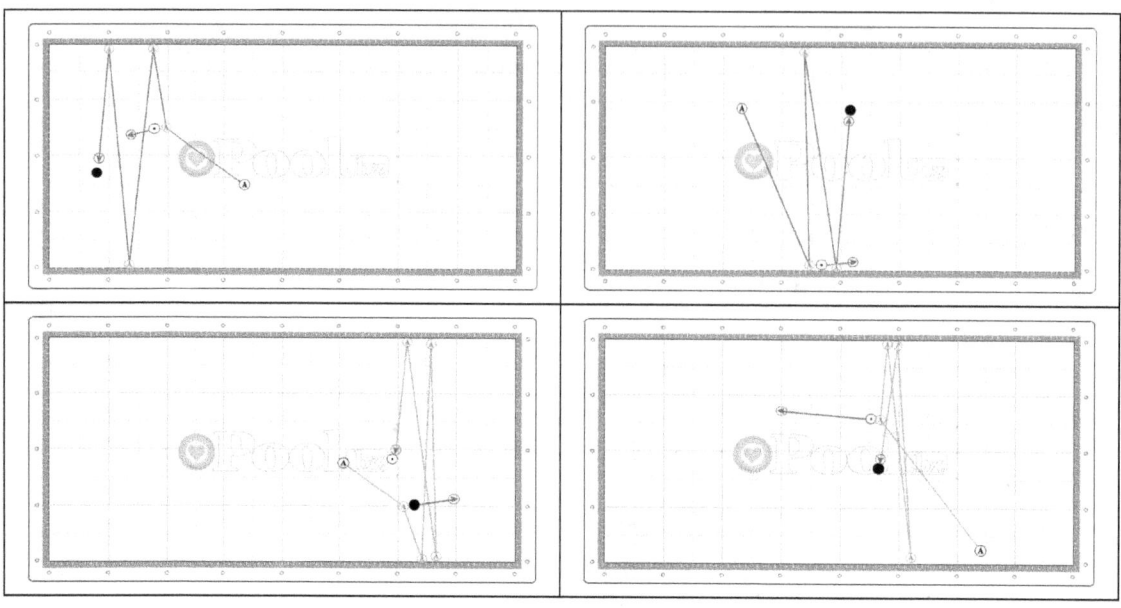

Analisi:

A:2a. _____

A:2b. _____

A:2c. _____

A:2d. _____

A:2a – Impostare

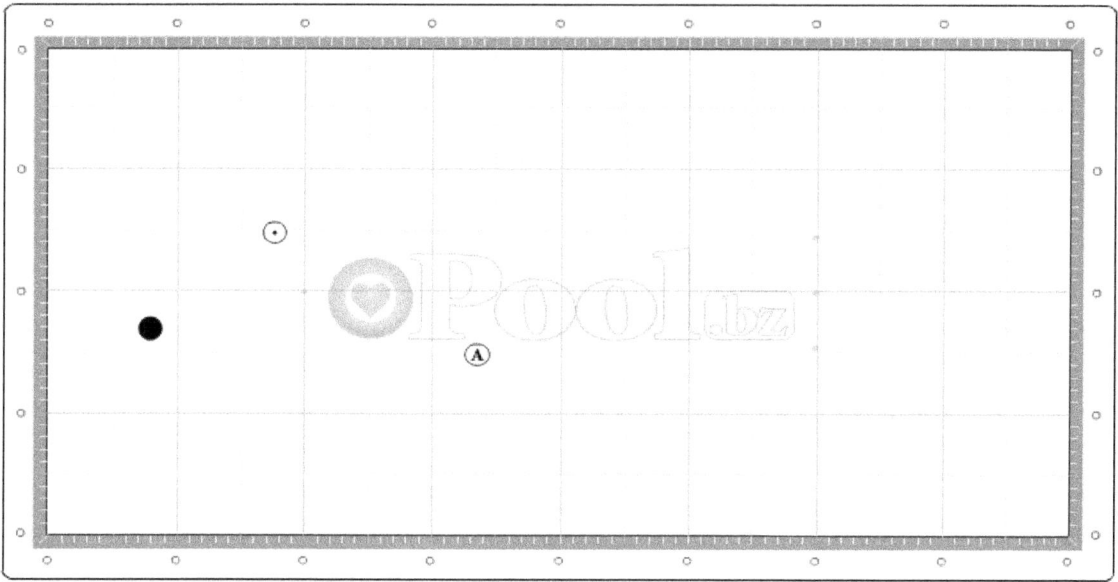

Note e idee:

Modello di colpo

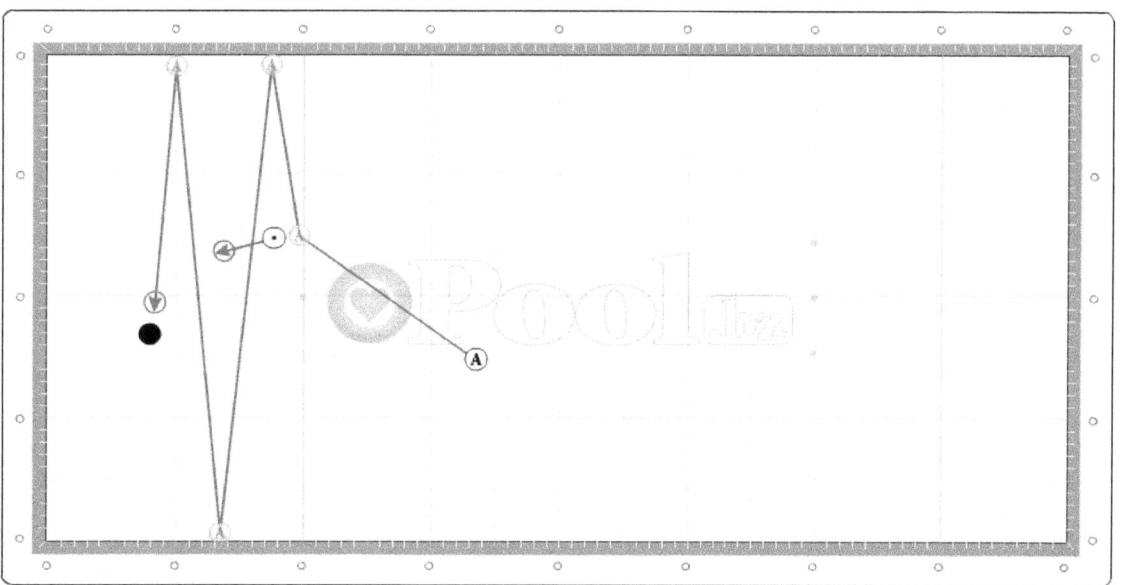

A:2b – Impostare

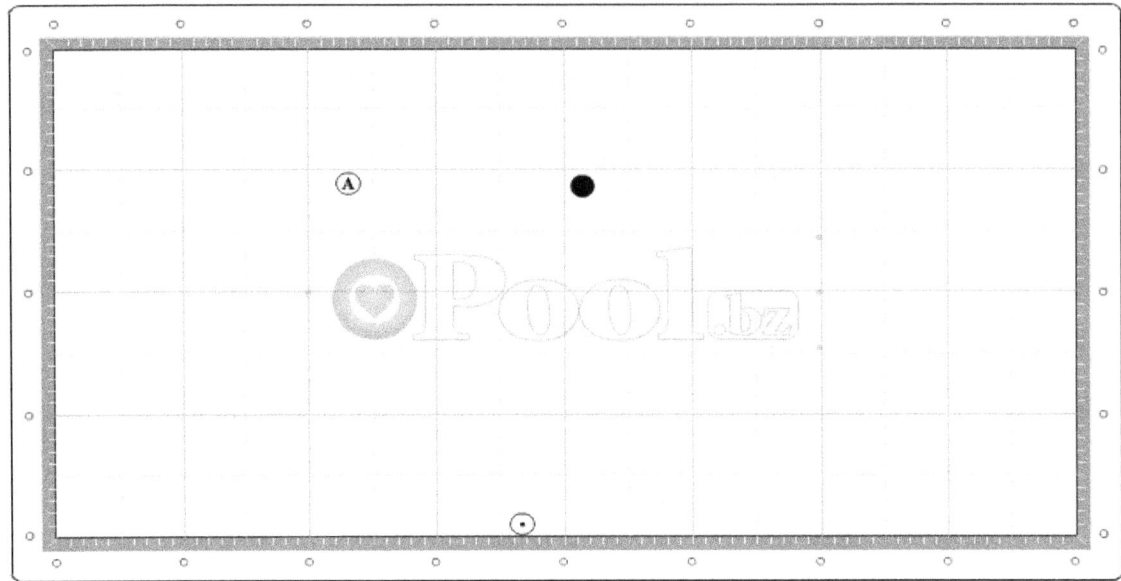

Note e idee:

Modello di colpo

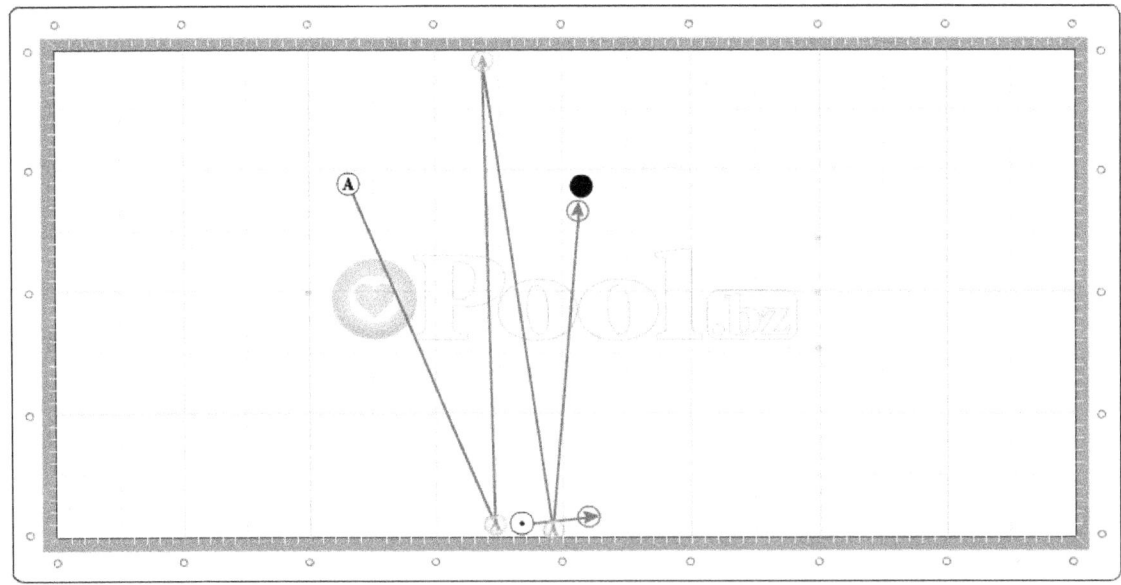

A:2c – Impostare

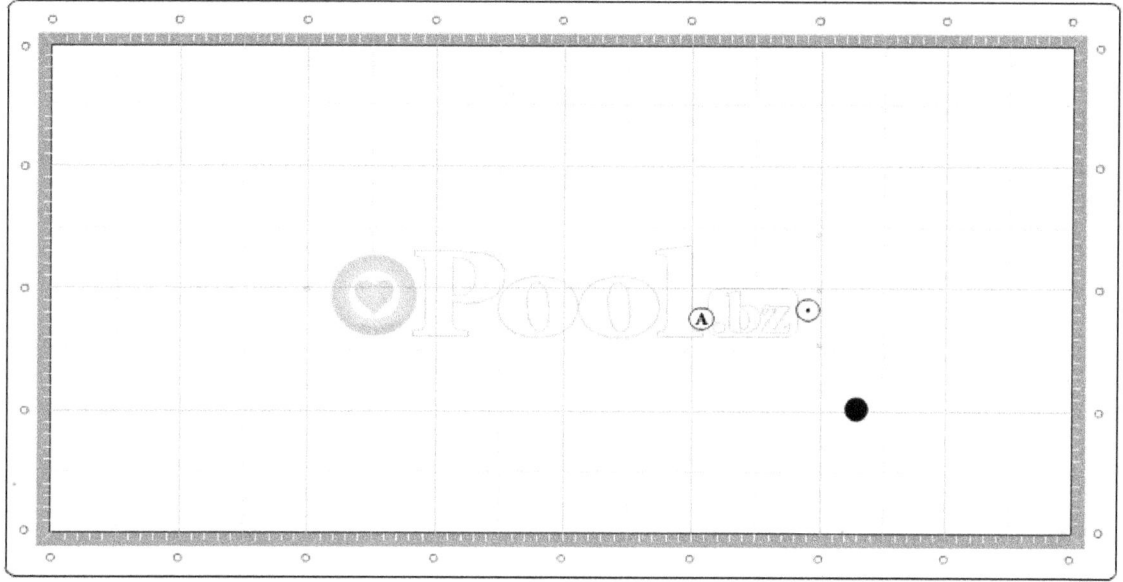

Note e idee:

Modello di colpo

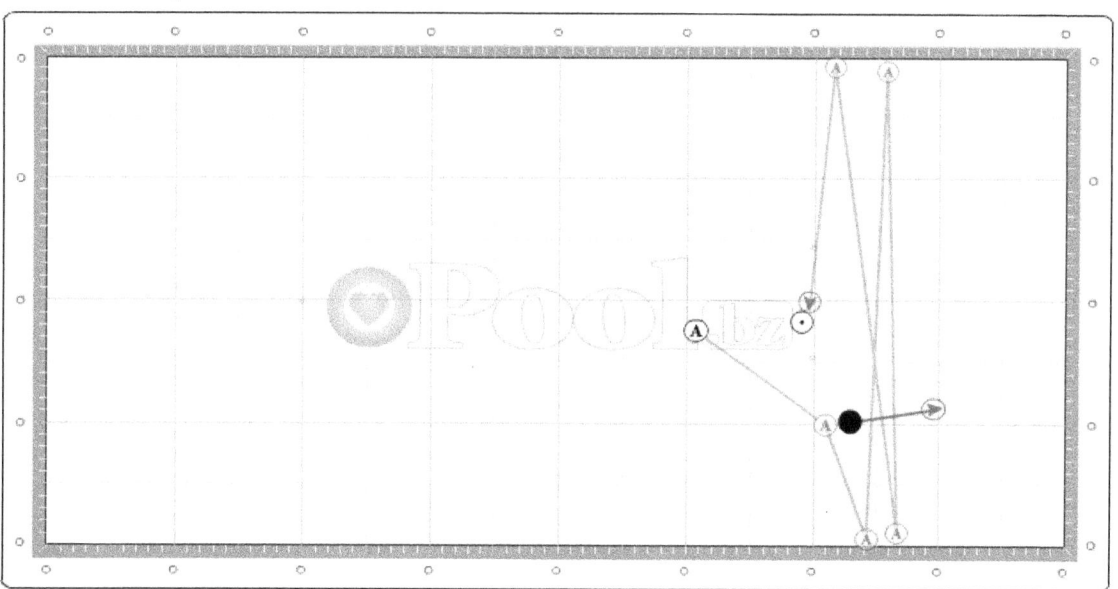

A:2d – Impostare

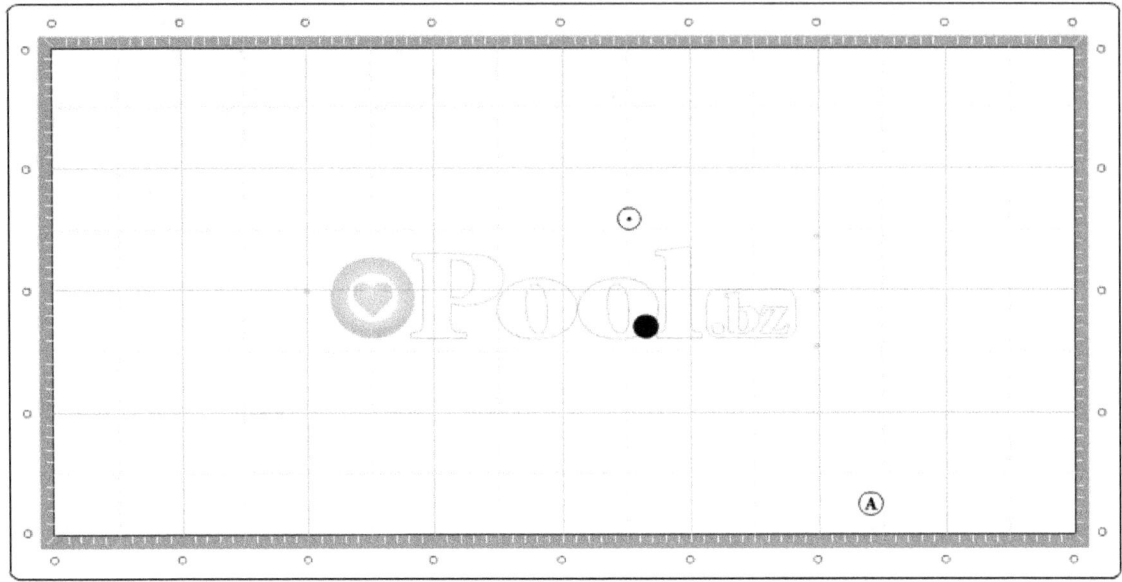

Note e idee:

Modello di colpo

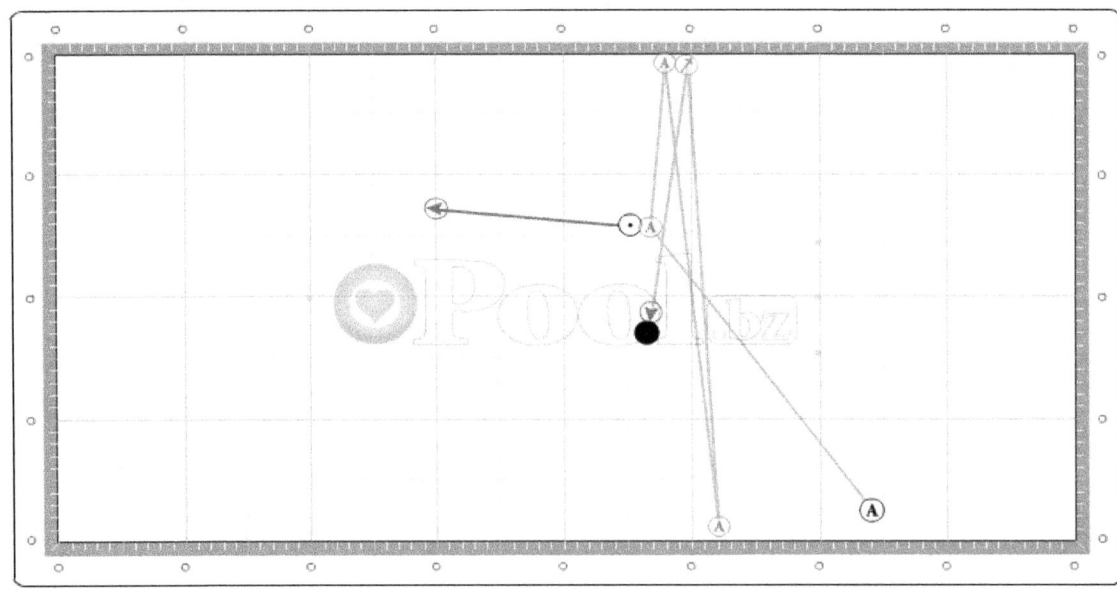

A: Gruppo 3

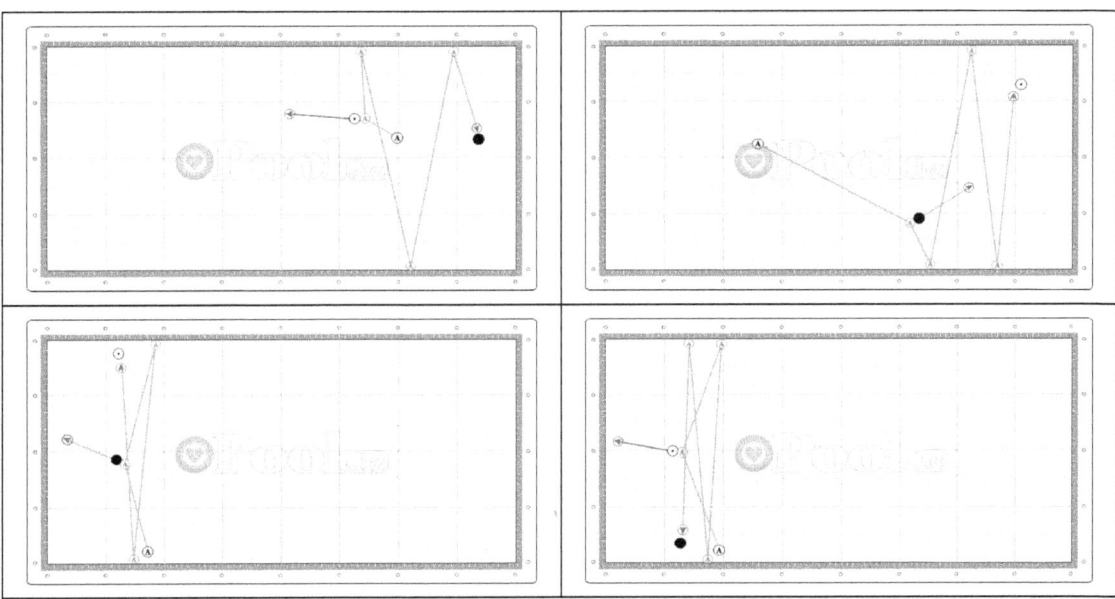

Analisi:

A:3a. _____

A:3b. _____

A:3c. _____

A:3d. _____

A:3a – Impostare

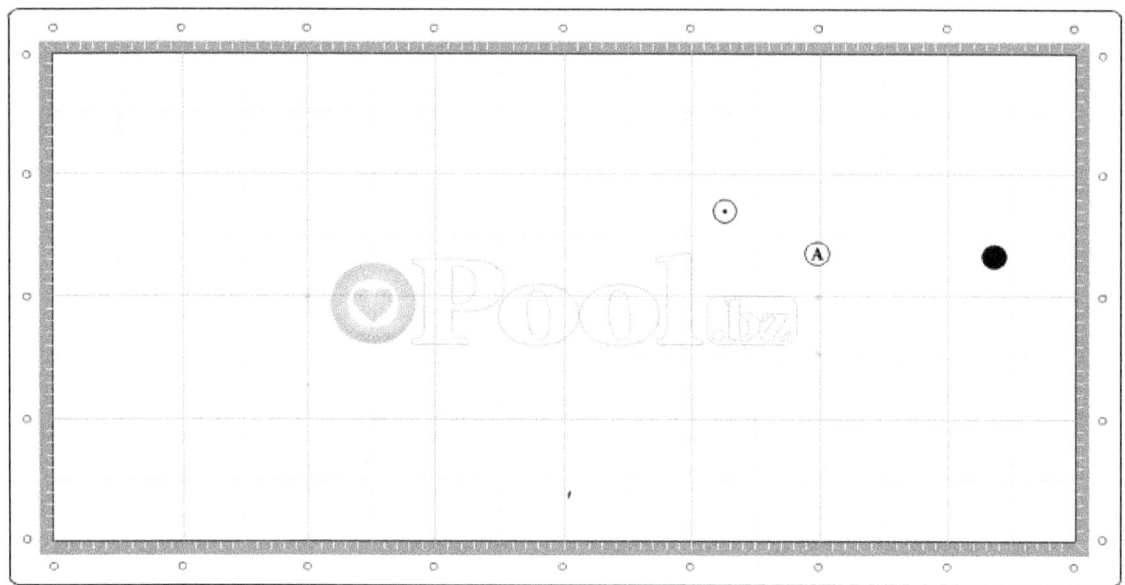

Note e idee:

Modello di colpo

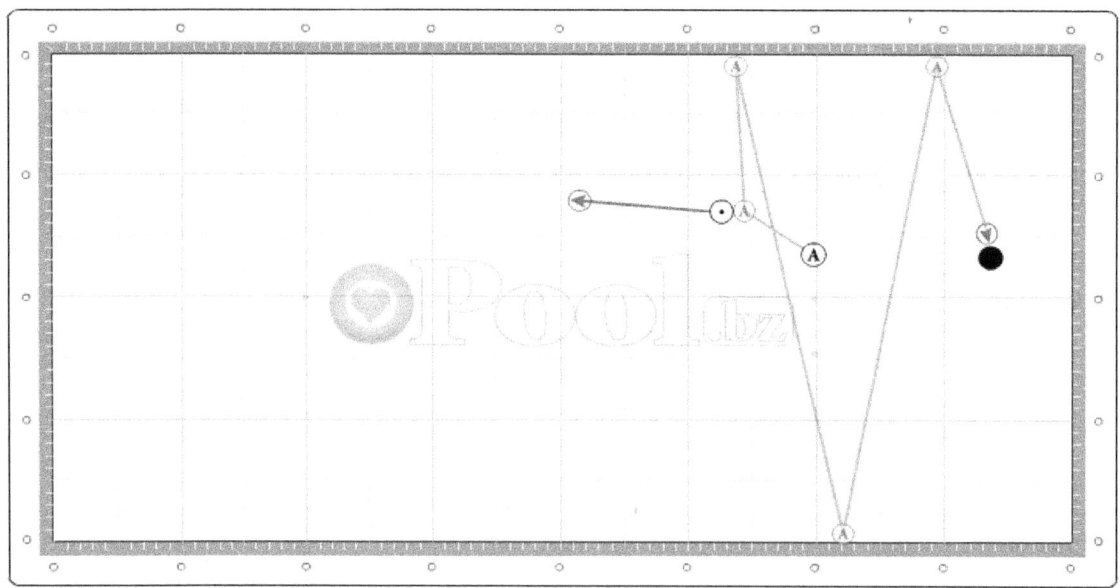

A:3b – Impostare

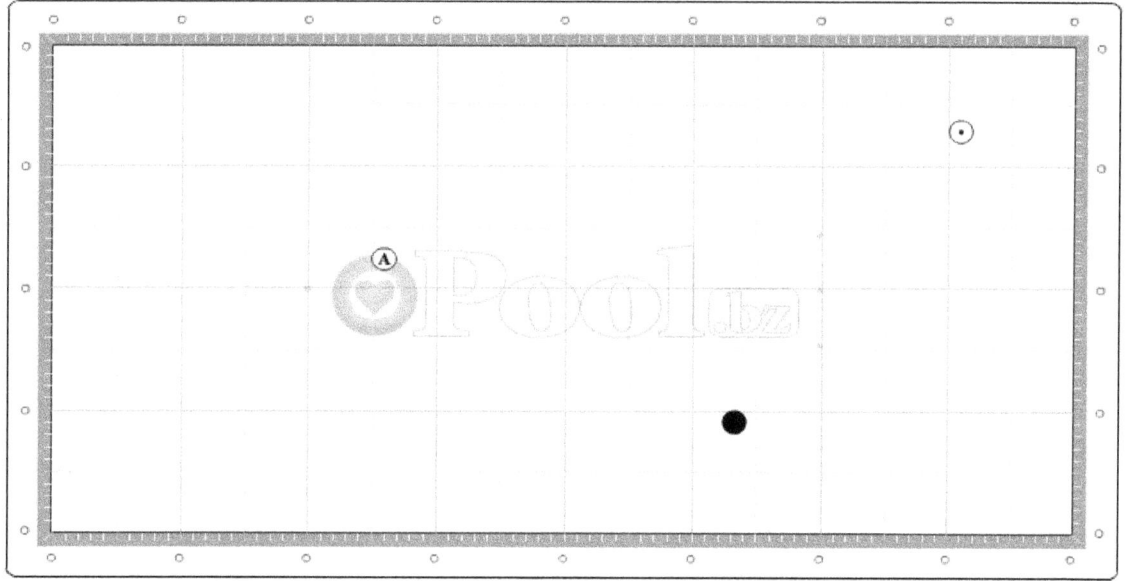

Note e idee:

Modello di colpo

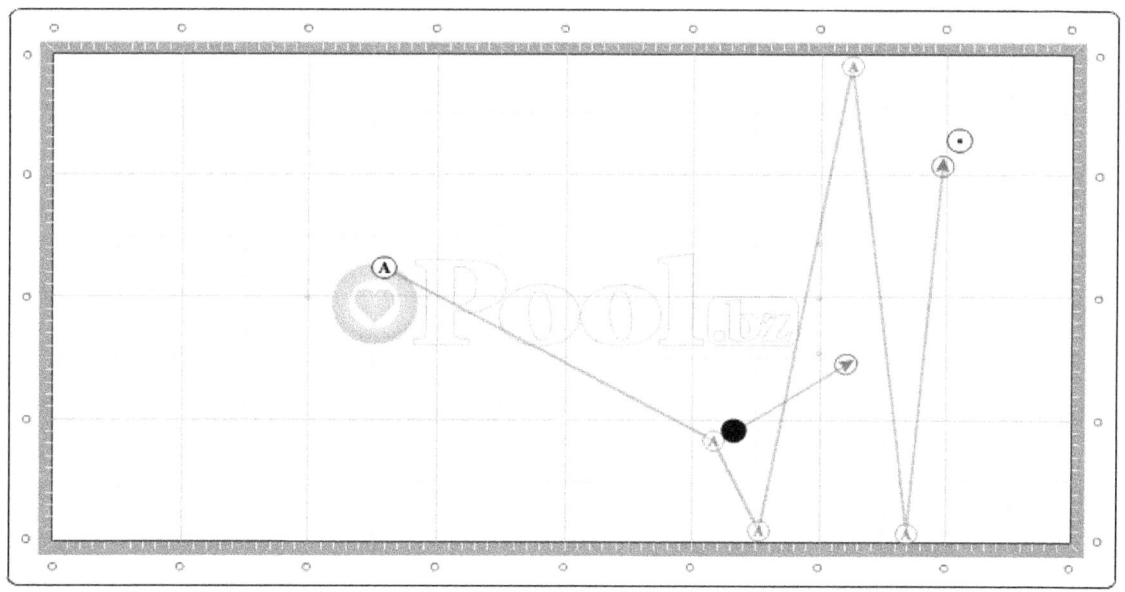

A:3c – Impostare

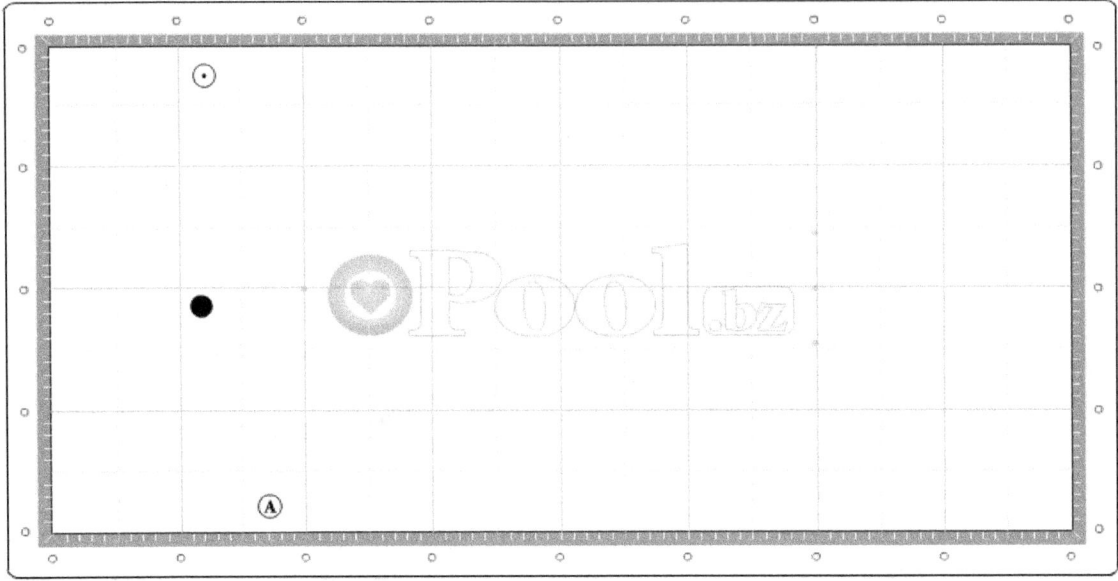

Note e idee:

Modello di colpo

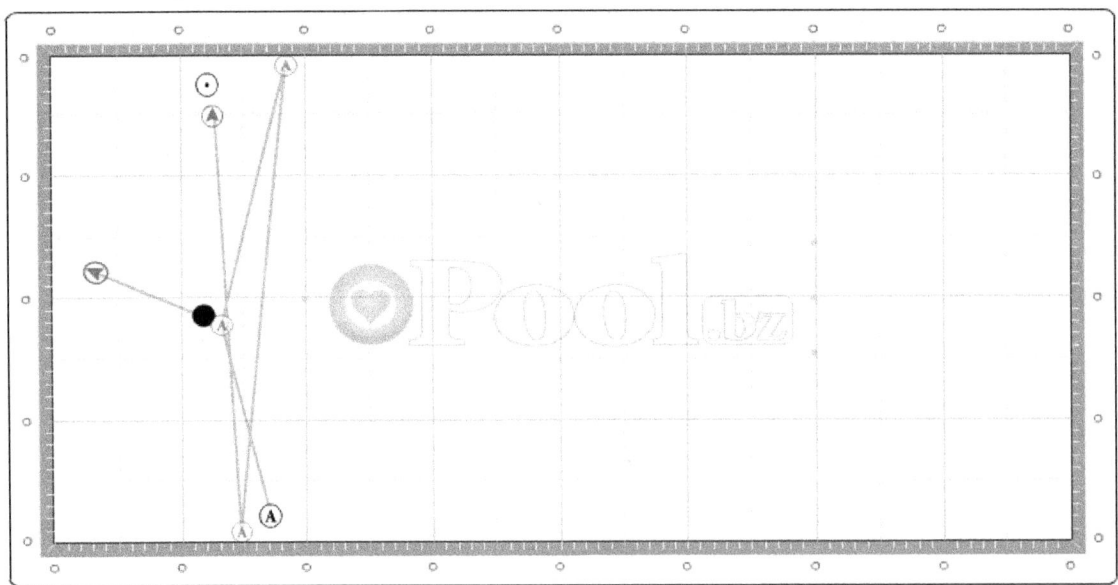

A:3d – Impostare

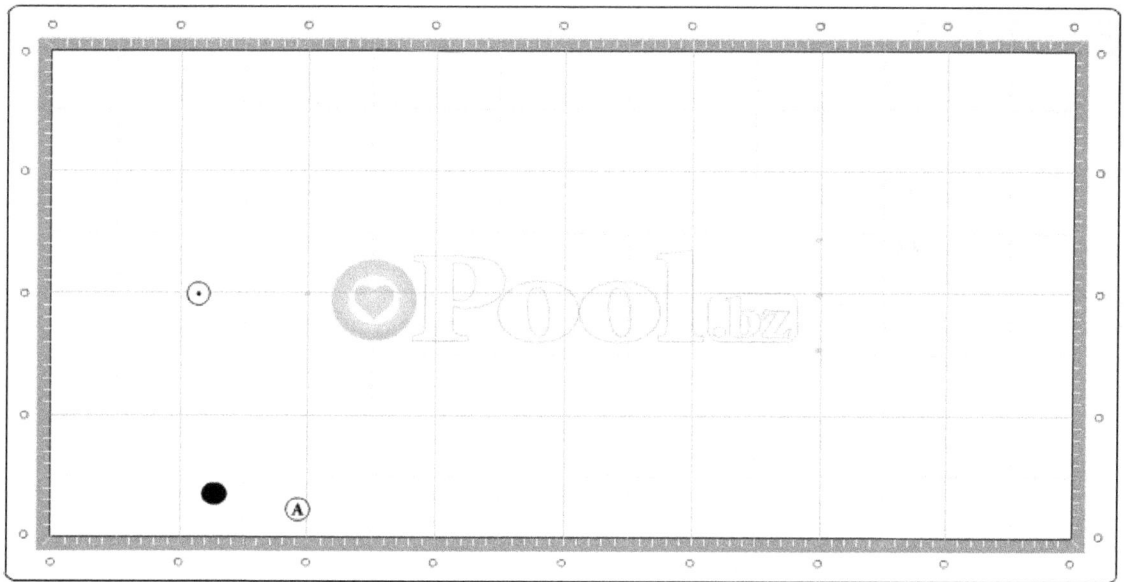

Note e idee:

Modello di colpo

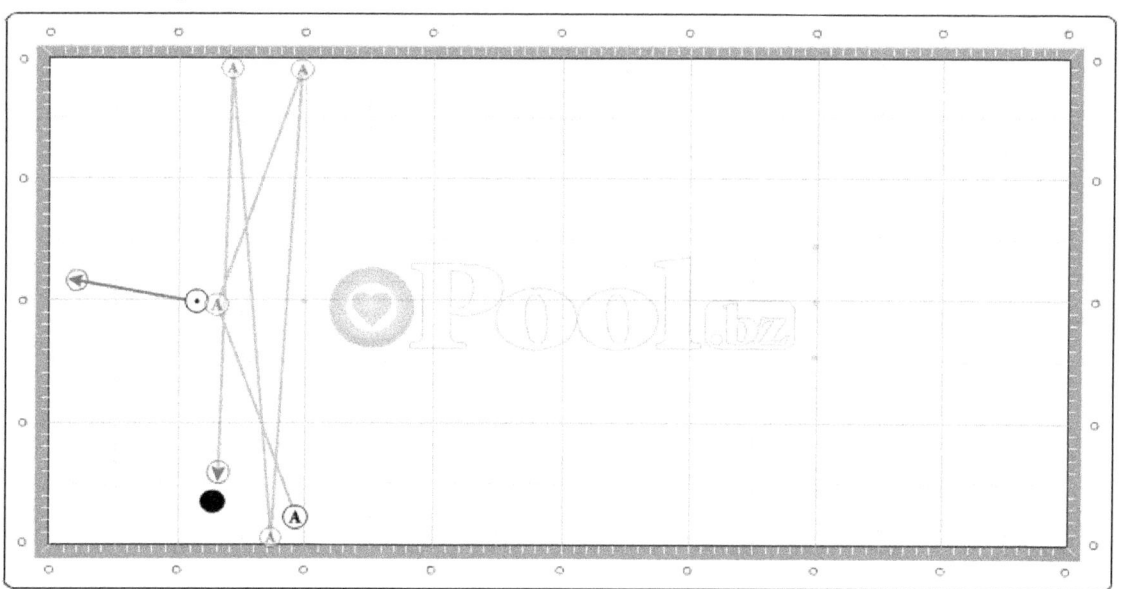

B: Zig-zag in miniatura da un lato all'altro

Il (CB) esce dal primo (OB) e poi va avanti e indietro. Tutta questa attività è alla fine dell'area del tavolo.

Ⓐ (CB) (la tua palla) - ⊙ (OB) (palla dell'avversario) - ● (OB) (palla rossa)

B: Gruppo 1

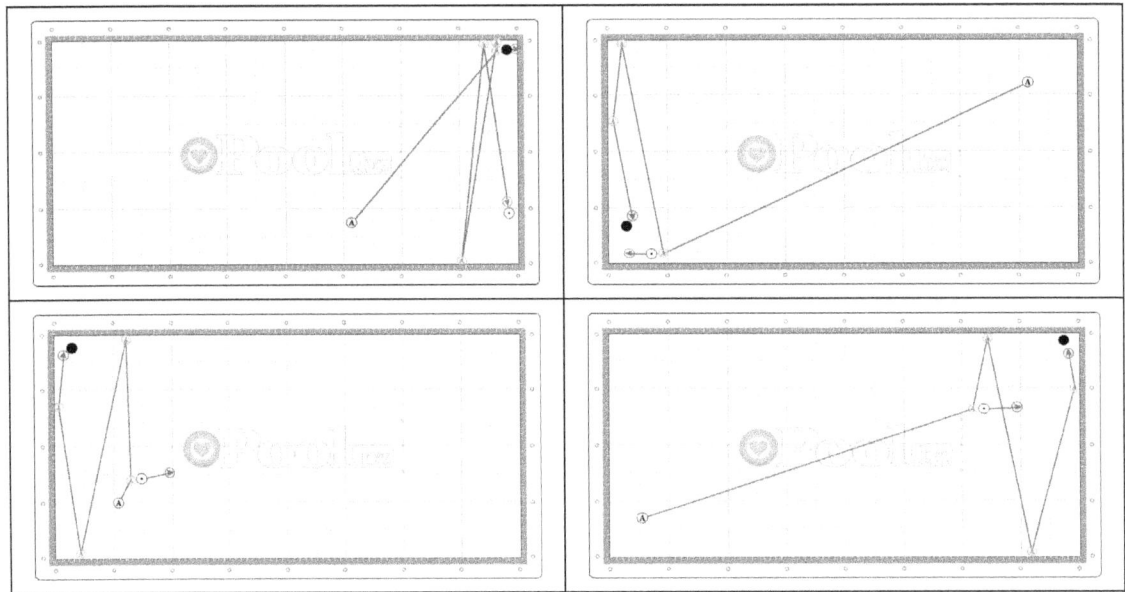

Analisi:

B:1a. _____

B:1b. _____

B:1c. _____

B:1d. _____

B:1a – Impostare

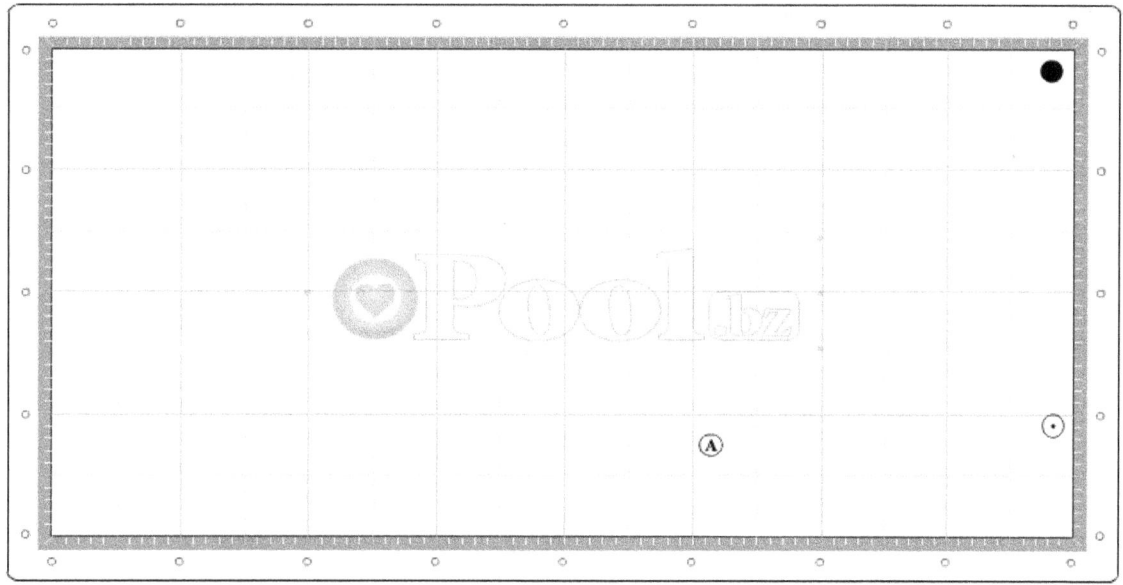

Note e idee:

Modello di colpo

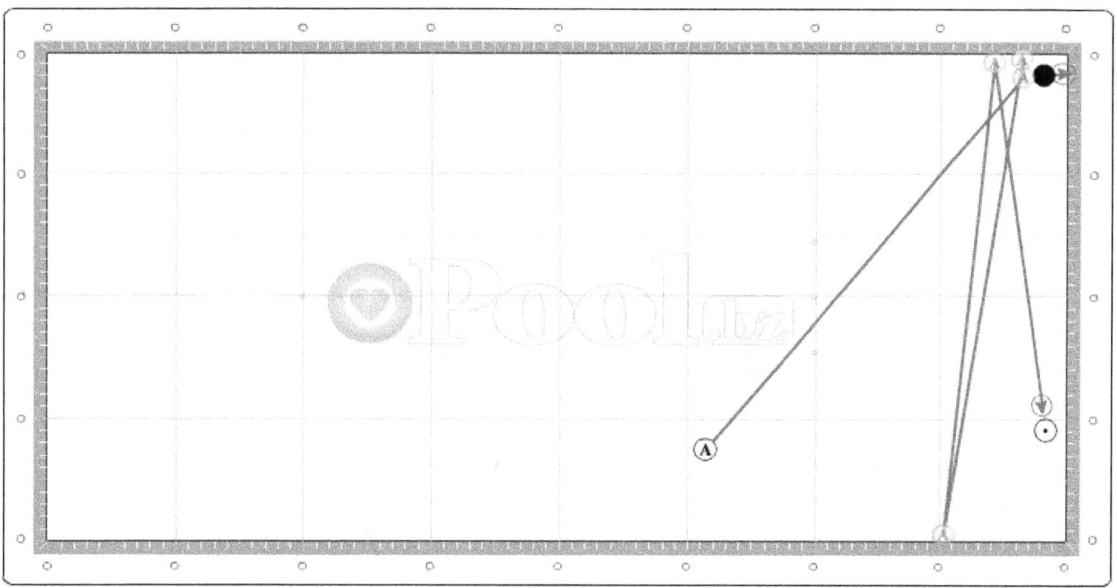

B:1b – Impostare

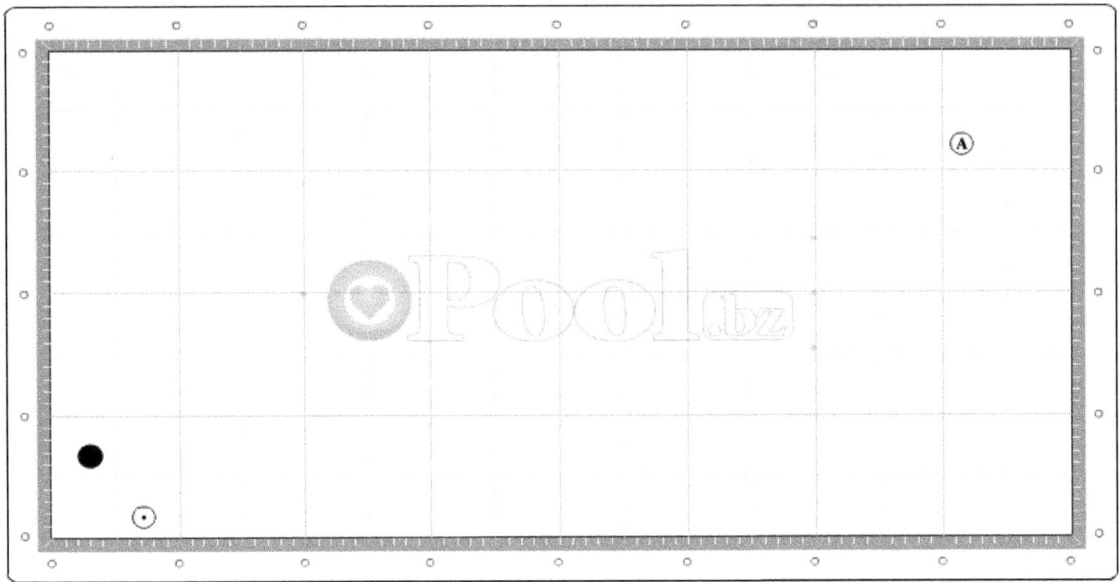

Note e idee:

Modello di colpo

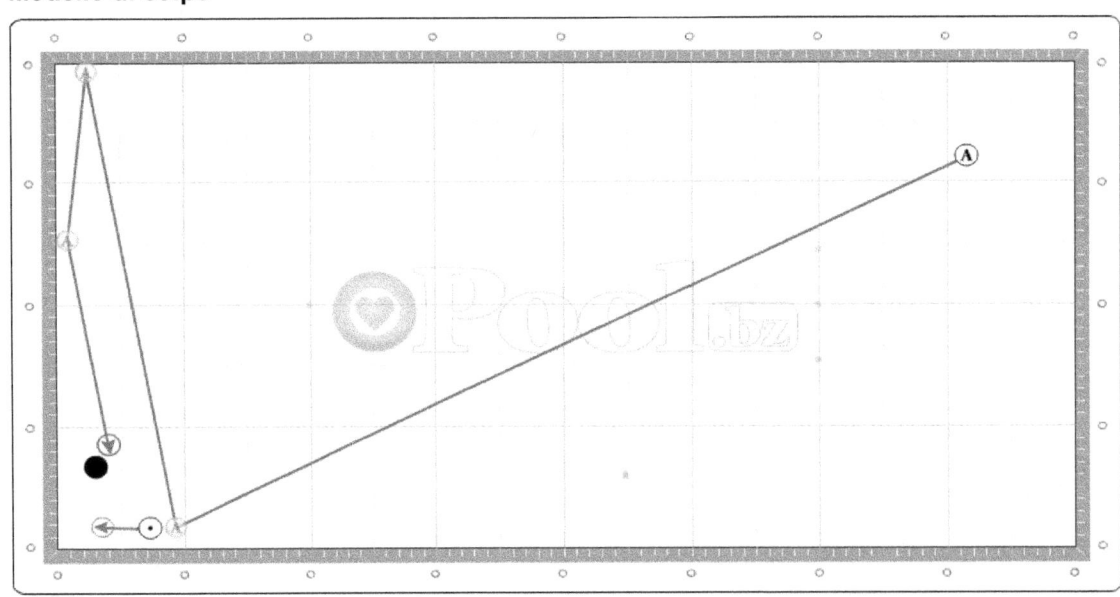

B:1c – Impostare

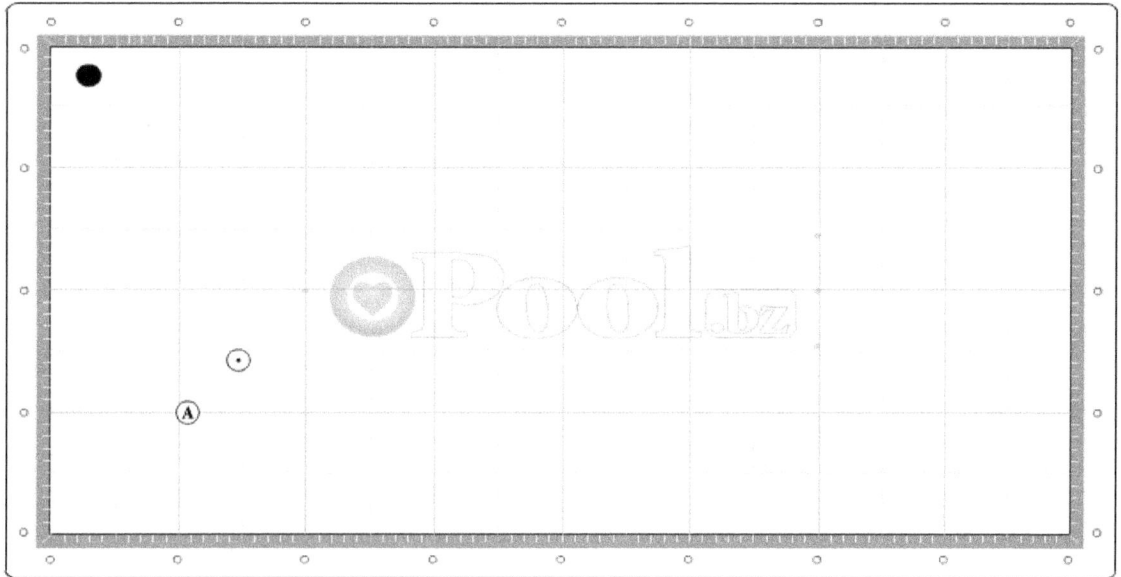

Note e idee:

Modello di colpo

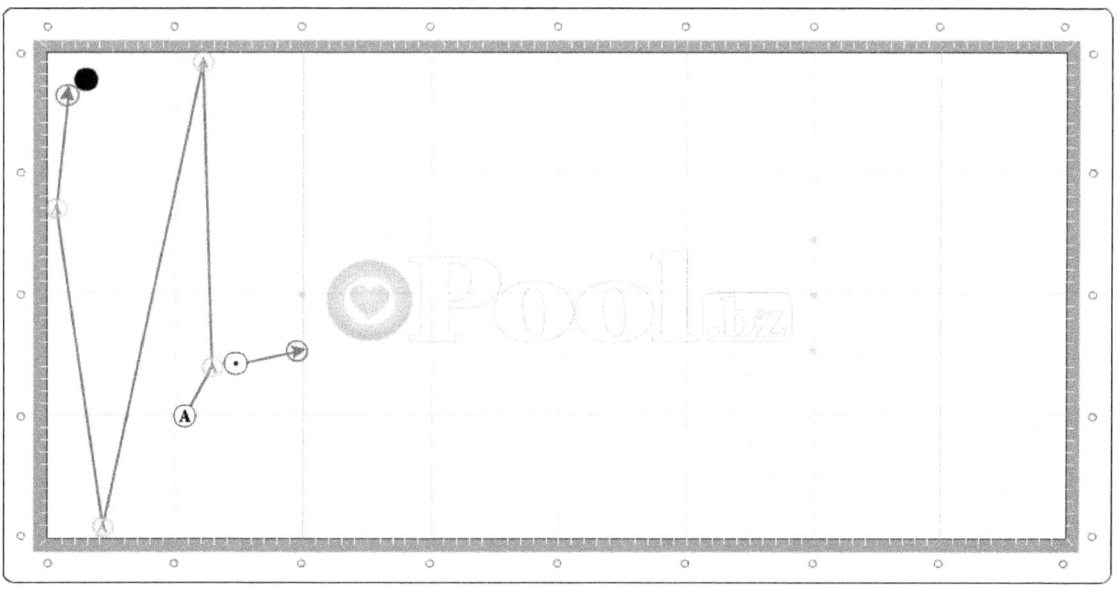

B:1d – Impostare

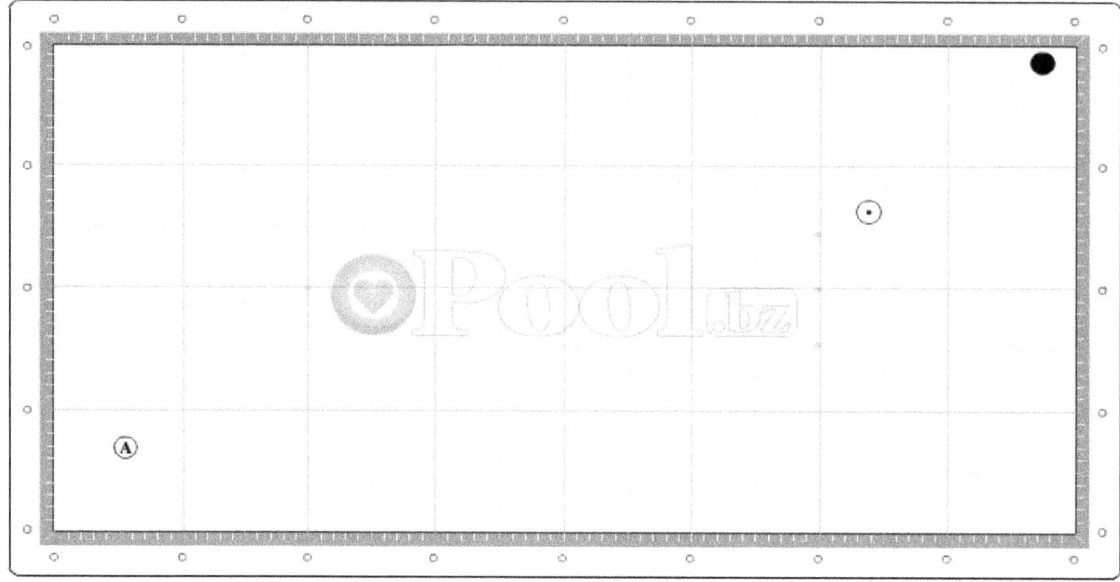

Note e idee:

Modello di colpo

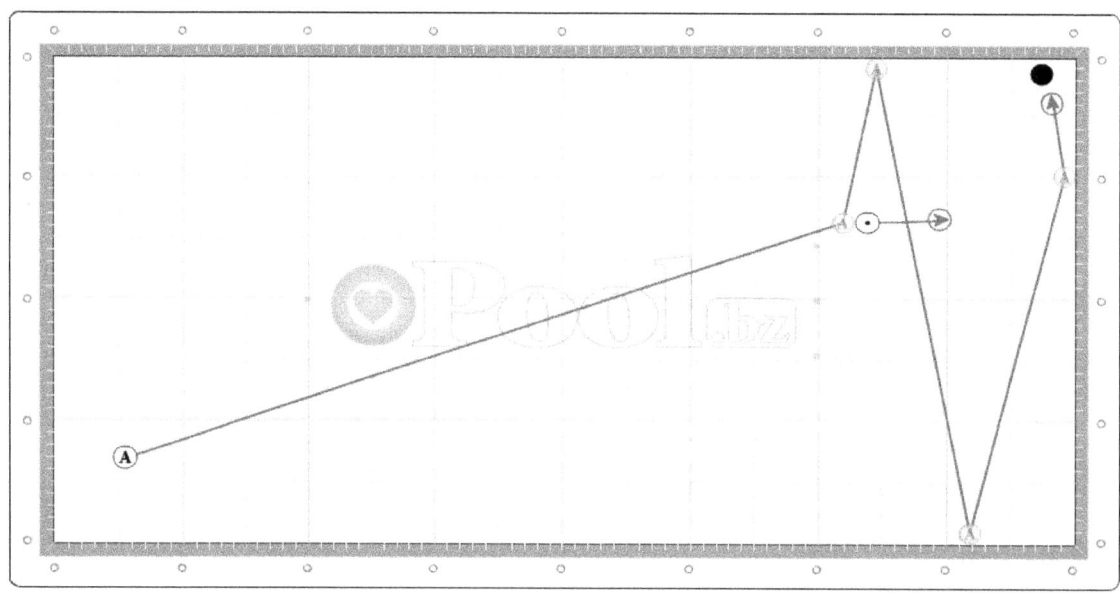

B: Gruppo 2

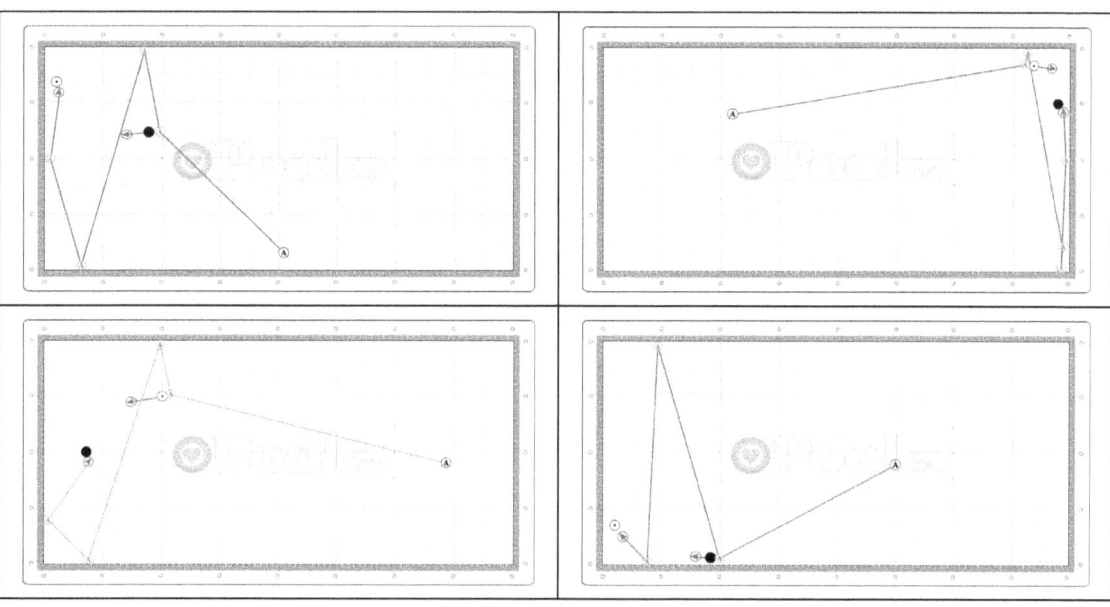

Analisi:

B:2a. _____

B:2b. _____

B:2c. _____

B:2d. _____

B:2a – Impostare

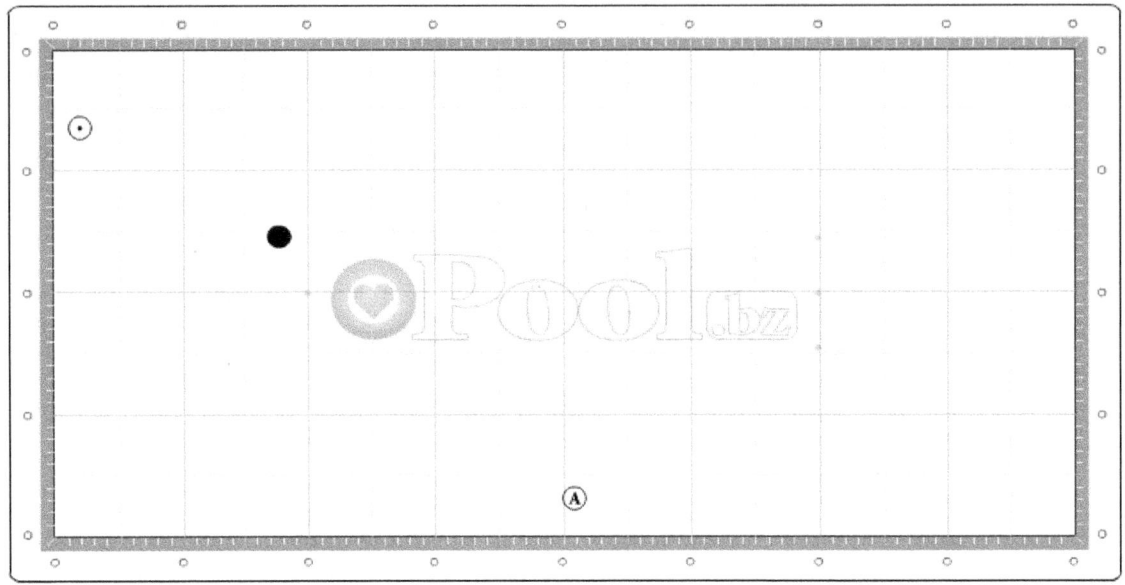

Note e idee:

Modello di colpo

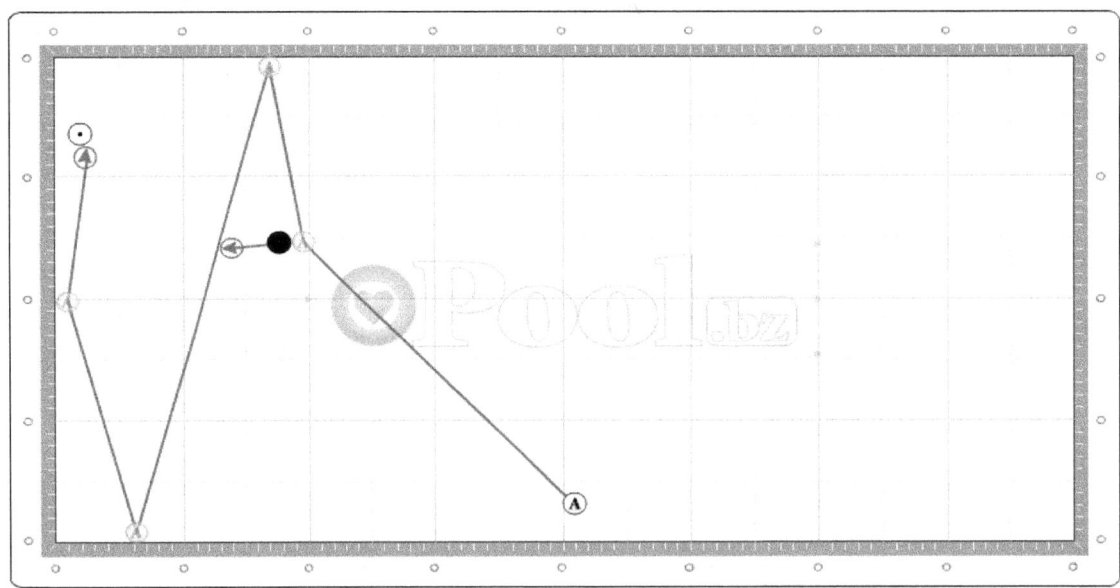

B:2b – Impostare

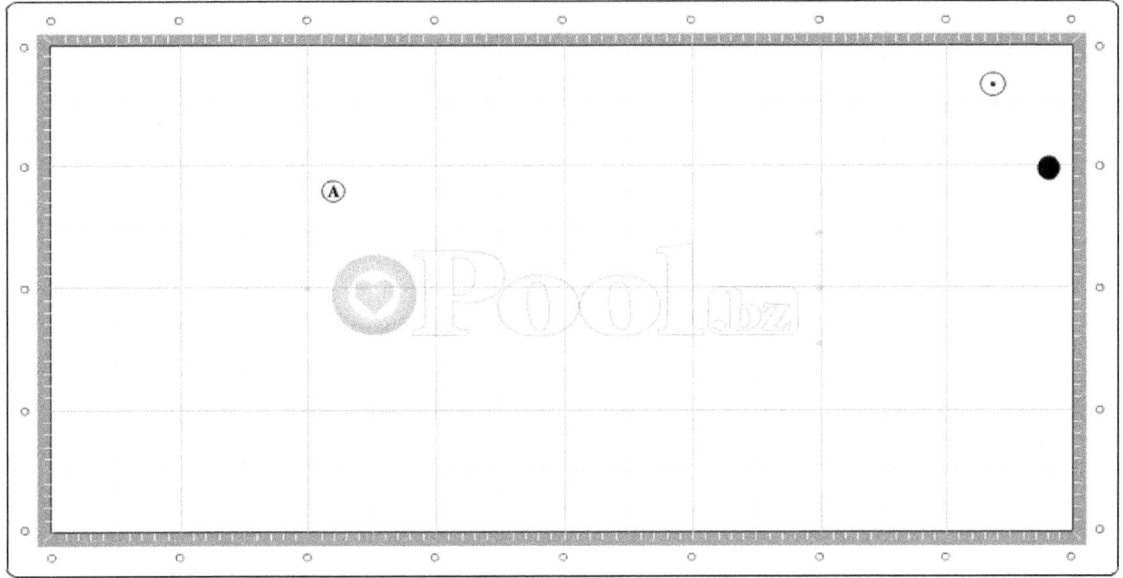

Note e idee:

Modello di colpo

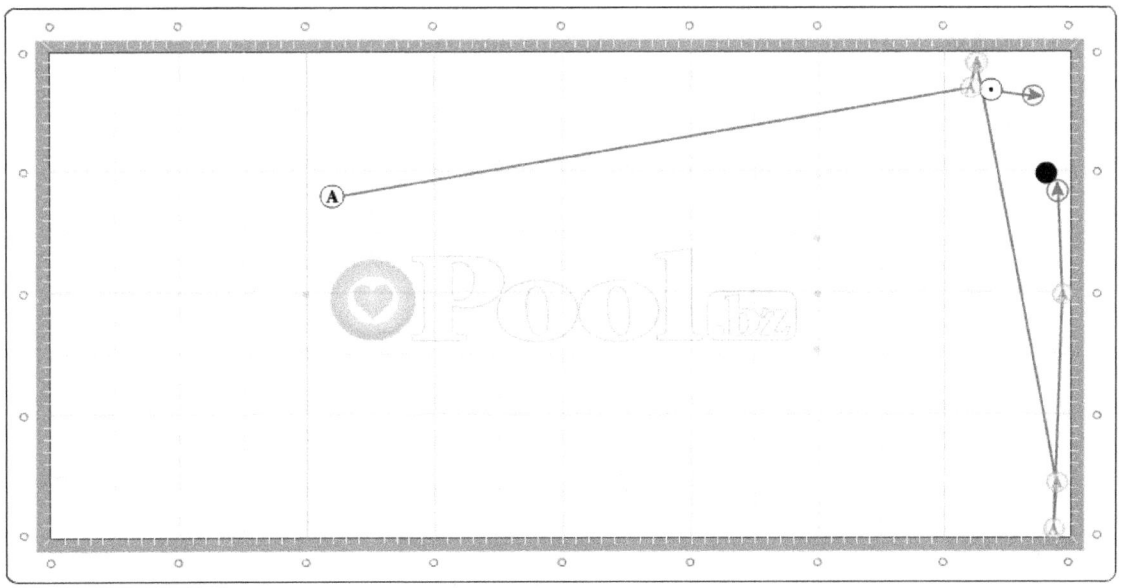

B:2c – Impostare

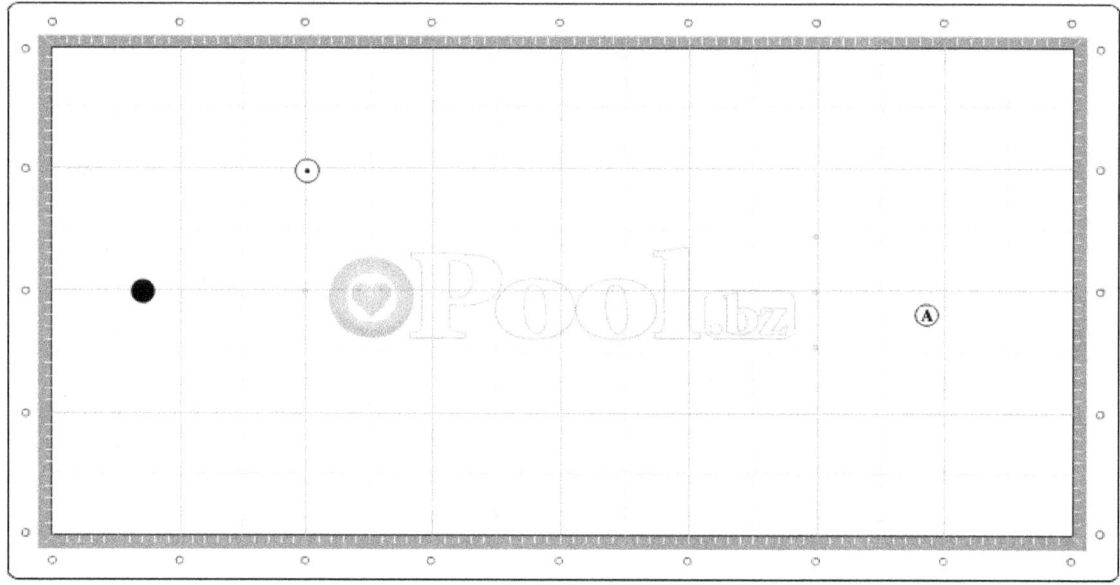

Note e idee:

Modello di colpo

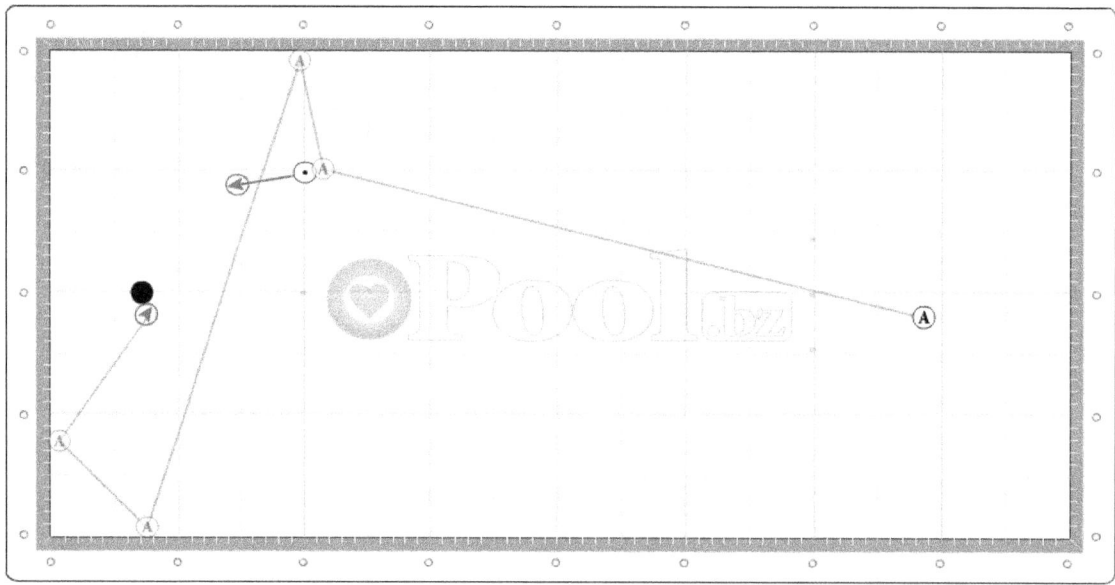

B:2d – Impostare

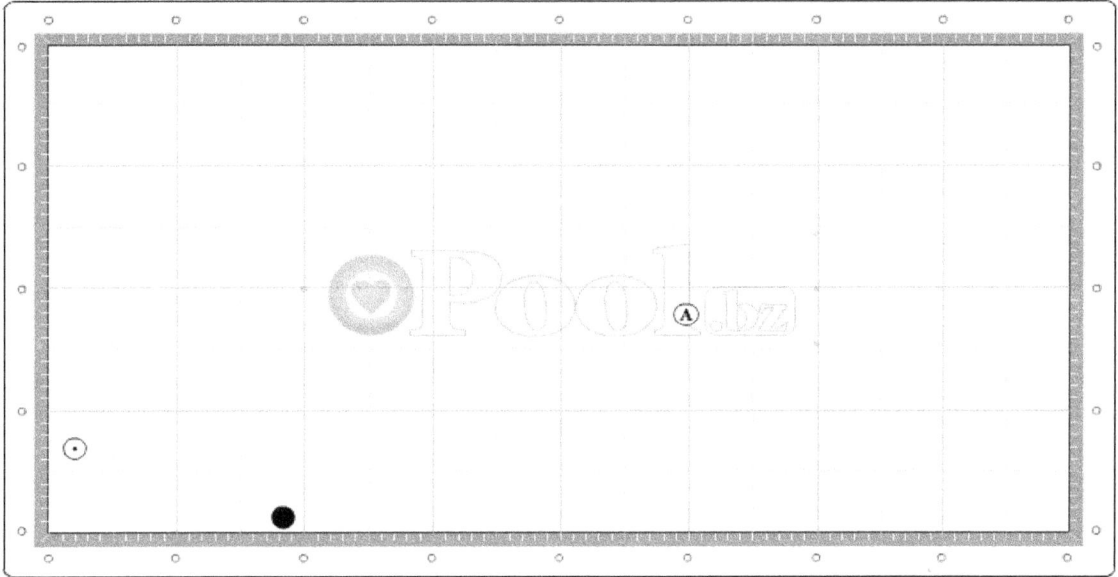

Note e idee:

Modello di colpo

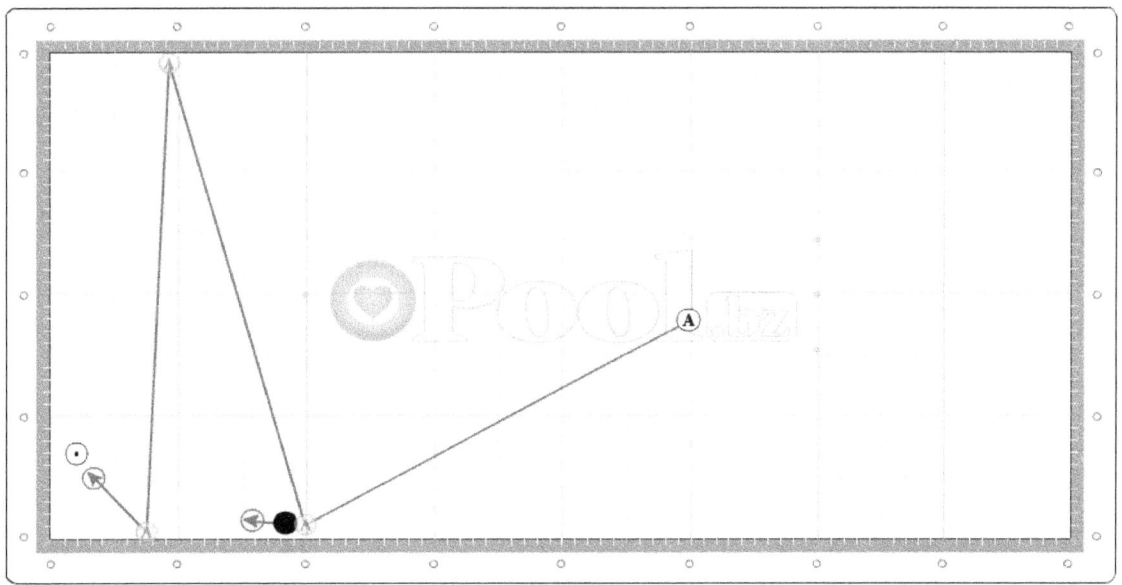

B: Gruppo 3

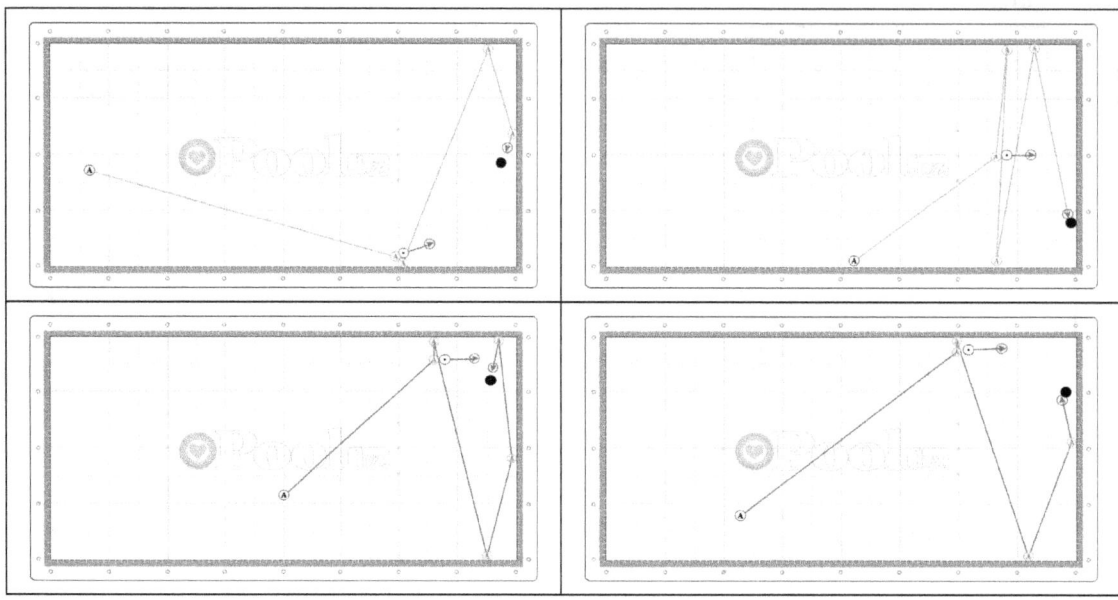

Analisi:

B:3a. _____

B:3b. _____

B:3c. _____

B:3d. _____

B:3a – Impostare

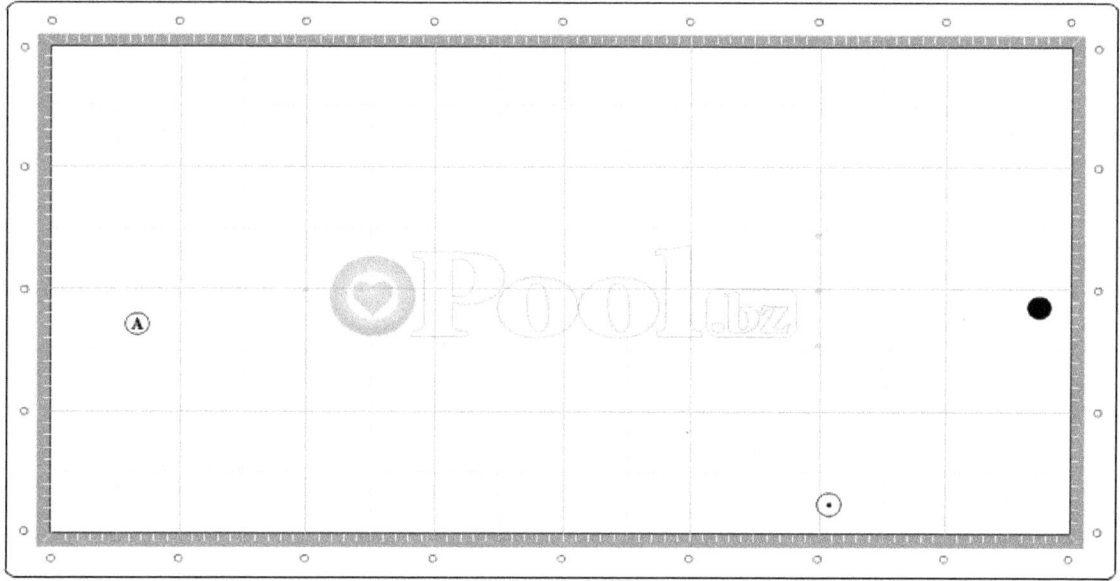

Note e idee:

Modello di colpo

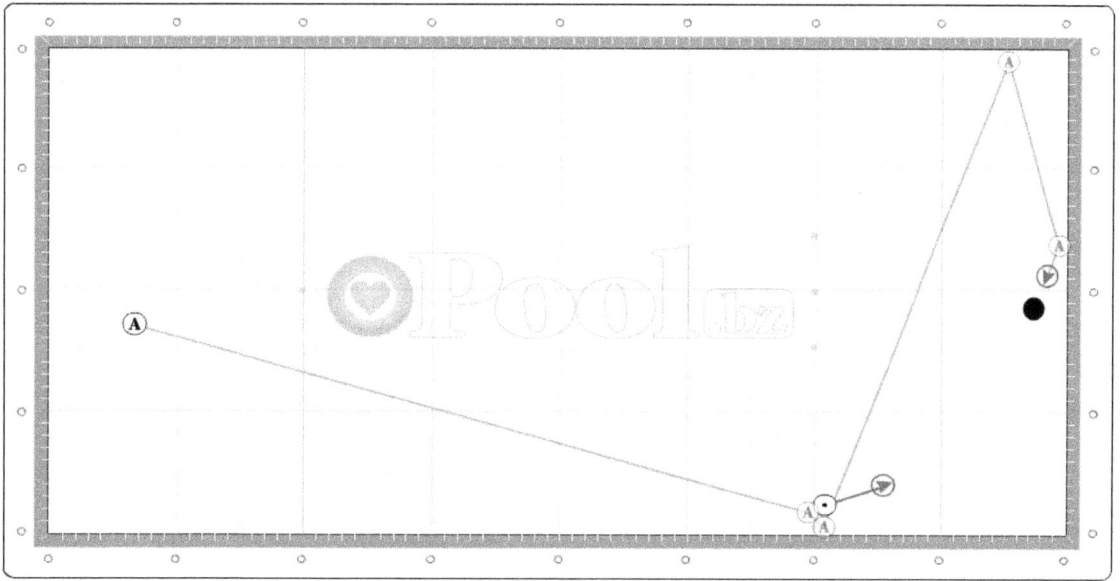

B:3b – Impostare

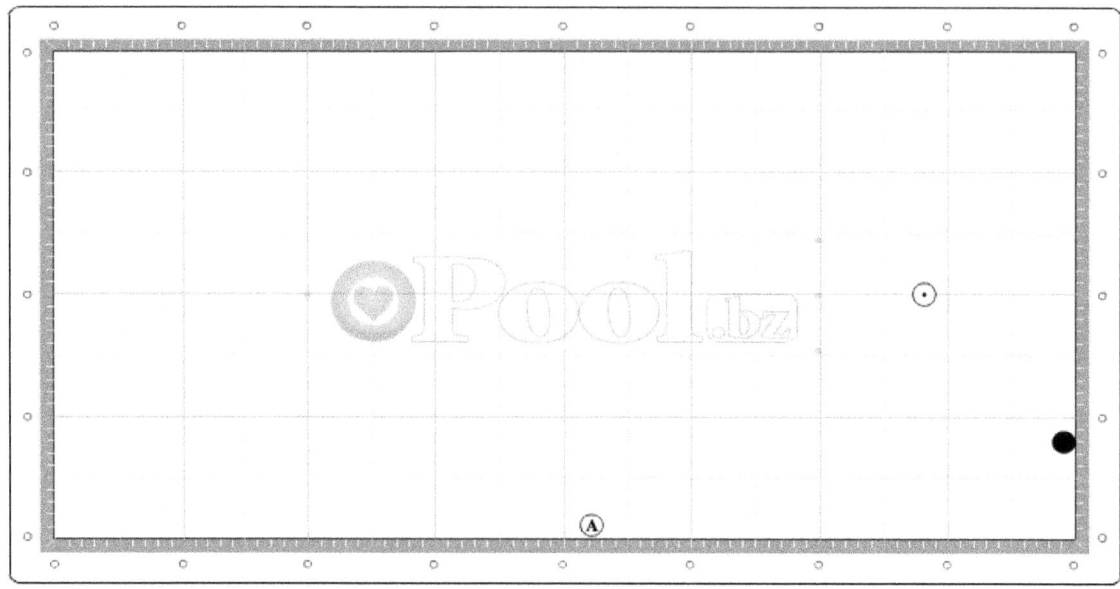

Note e idee:

Modello di colpo

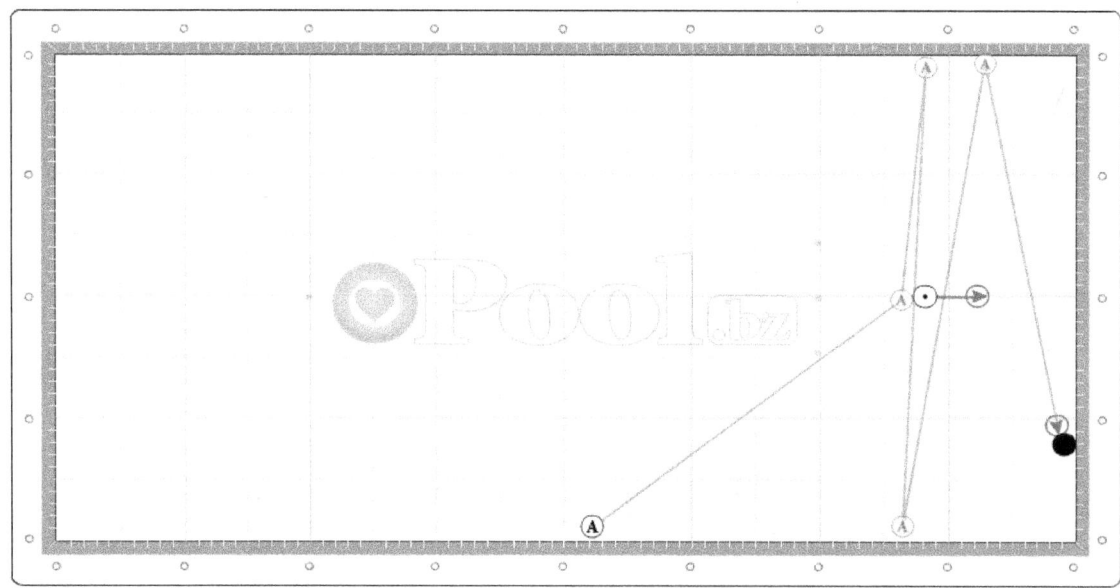

B:3c – Impostare

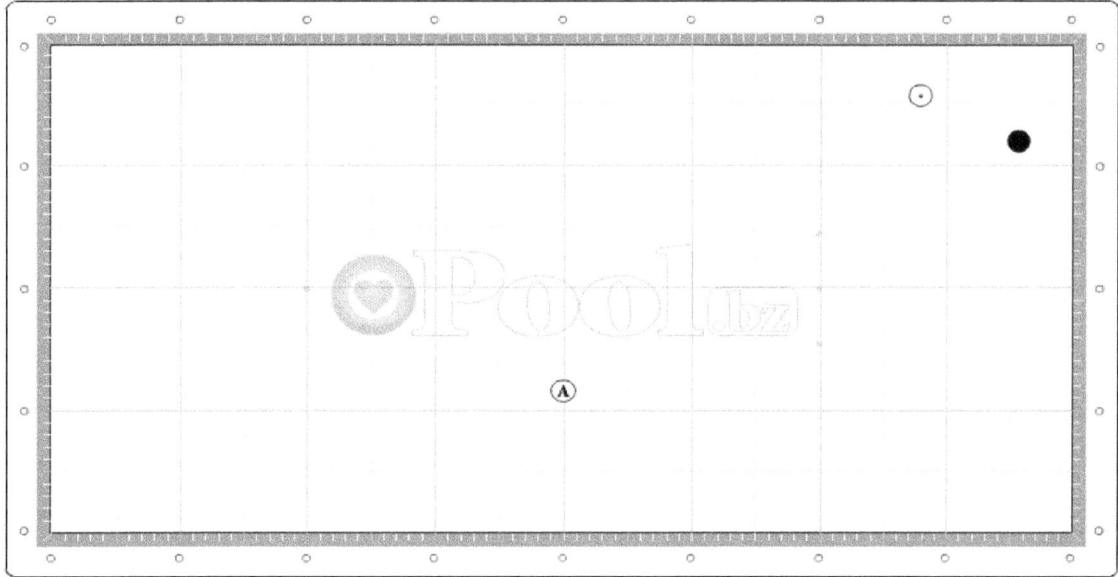

Note e idee:

Modello di colpo

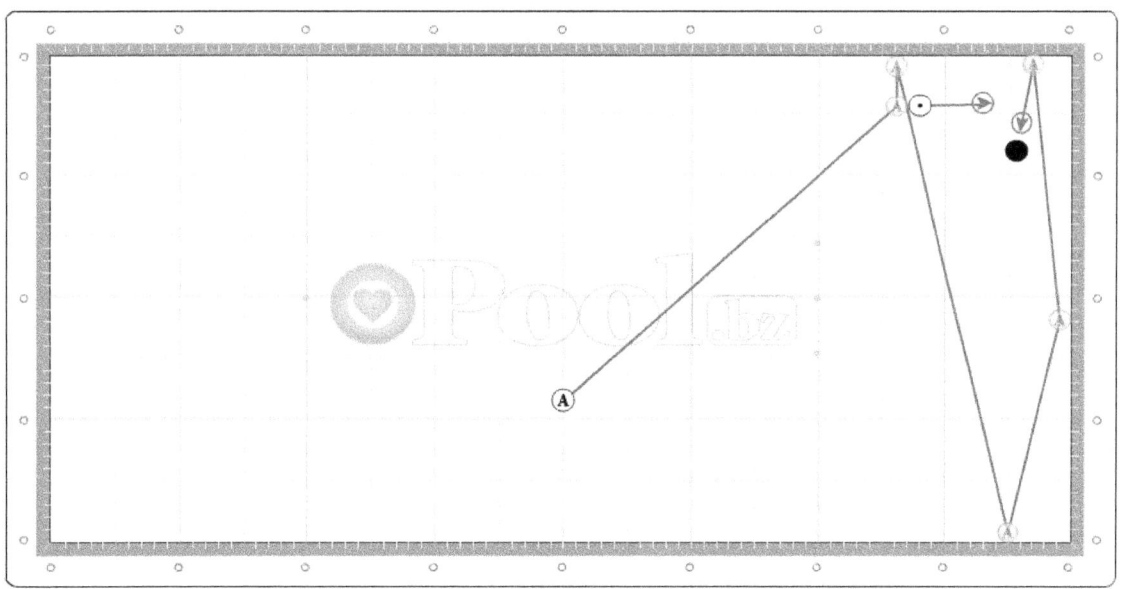

B:3d – Impostare

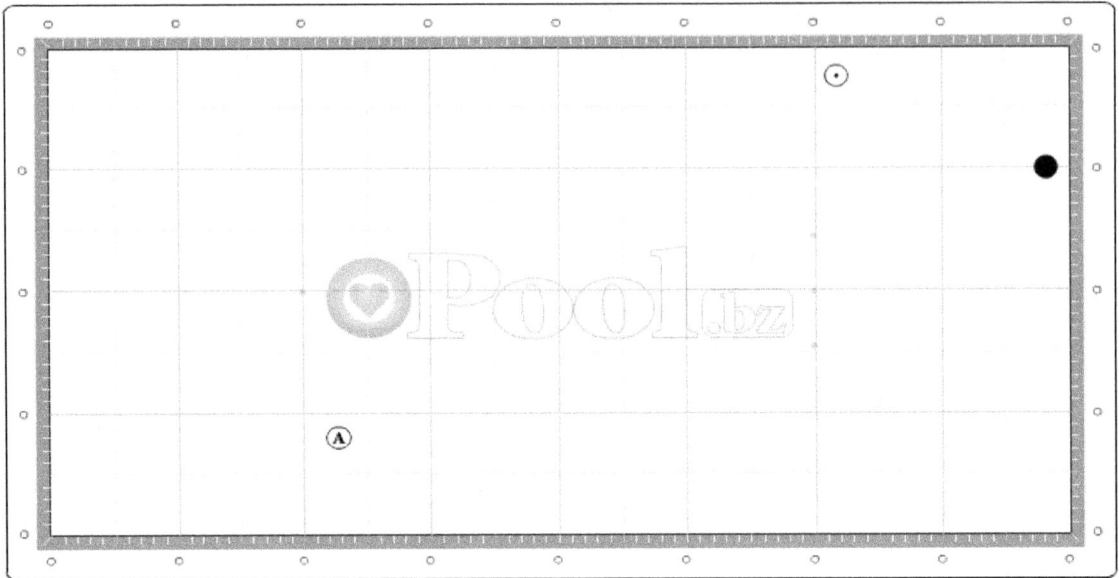

Note e idee:

Modello di colpo

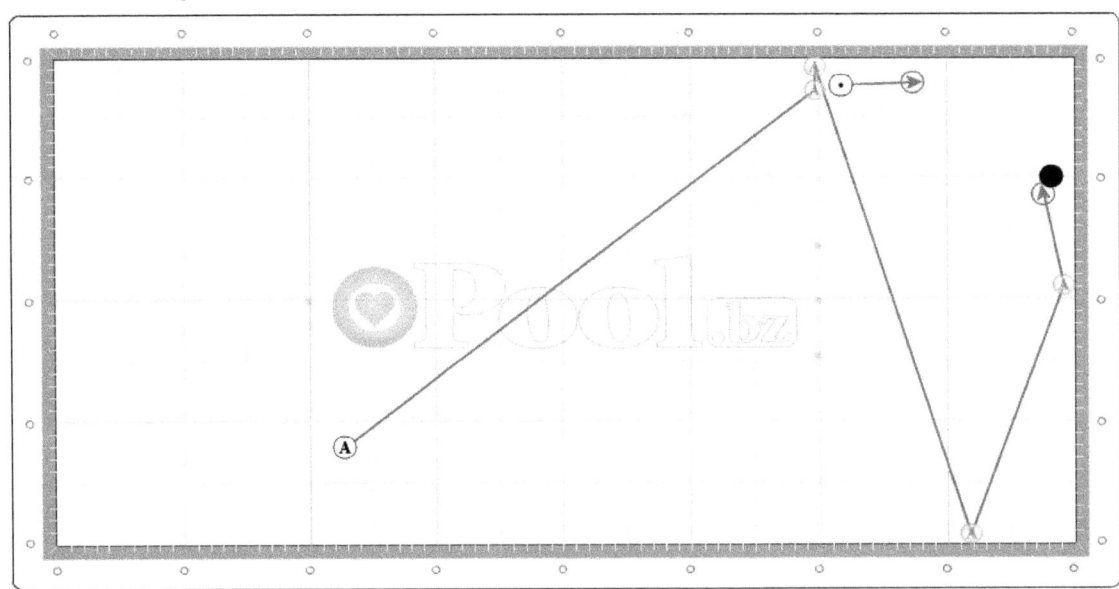

B: Gruppo 4

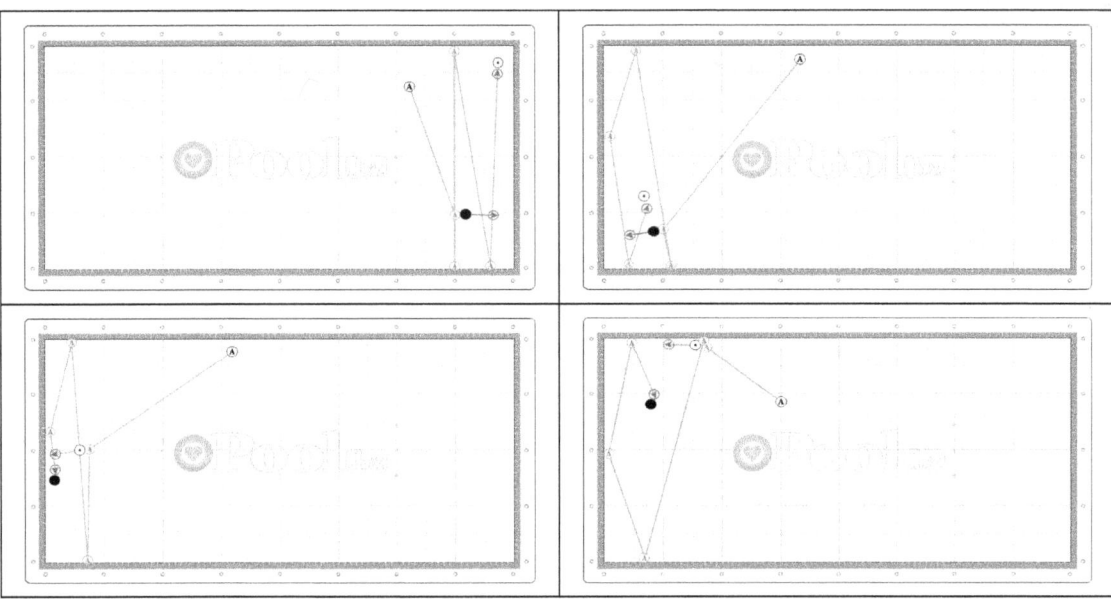

Analisi:

B:4a. _____

B:4b. _____

B:4c. _____

B:4d. _____

B:4a – Impostare

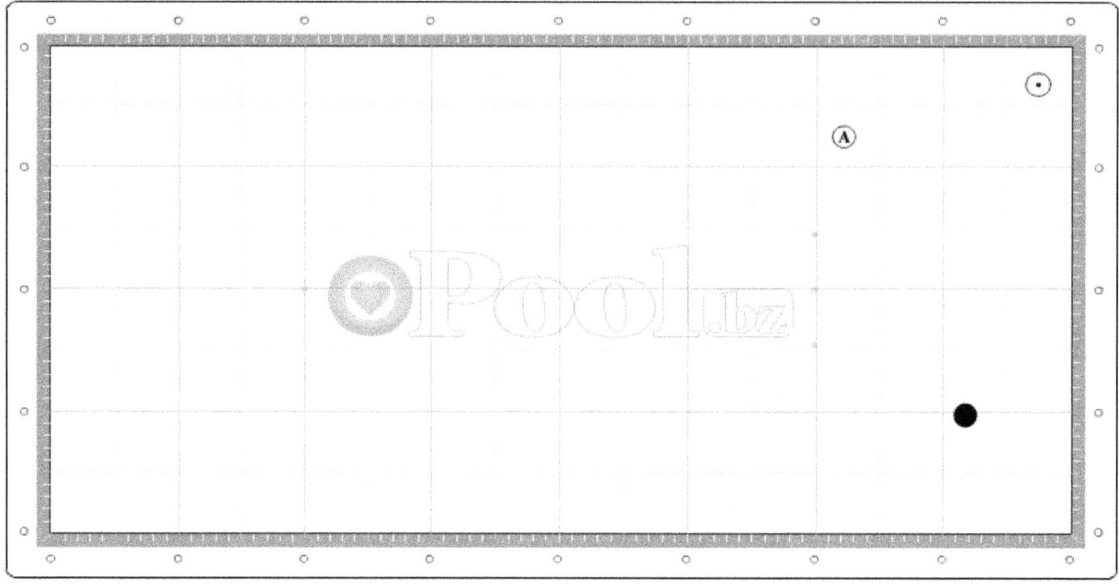

Note e idee:

Modello di colpo

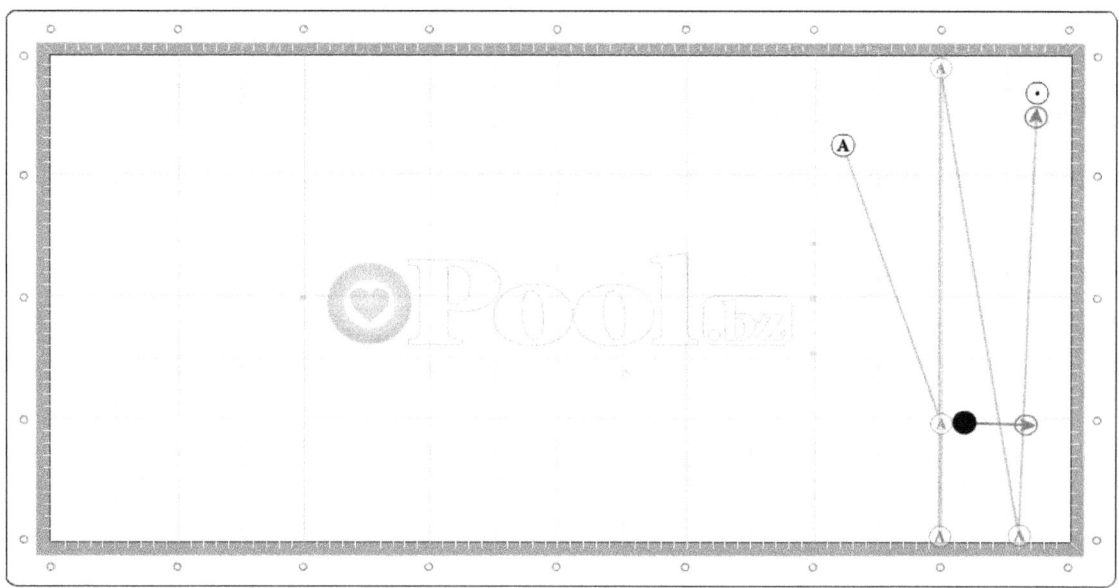

B:4b – Impostare

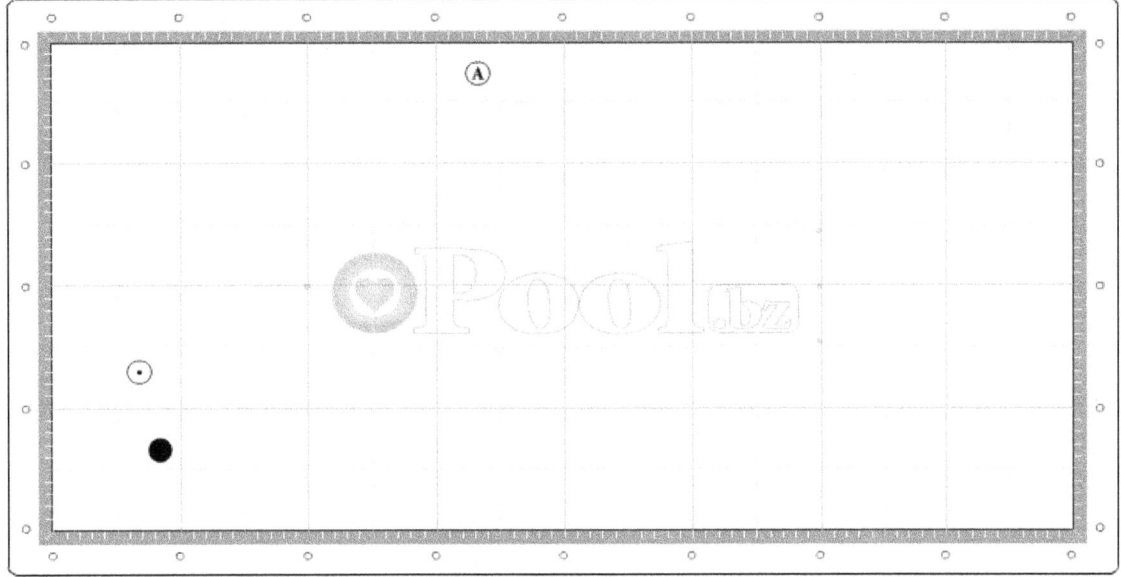

Note e idee:

Modello di colpo

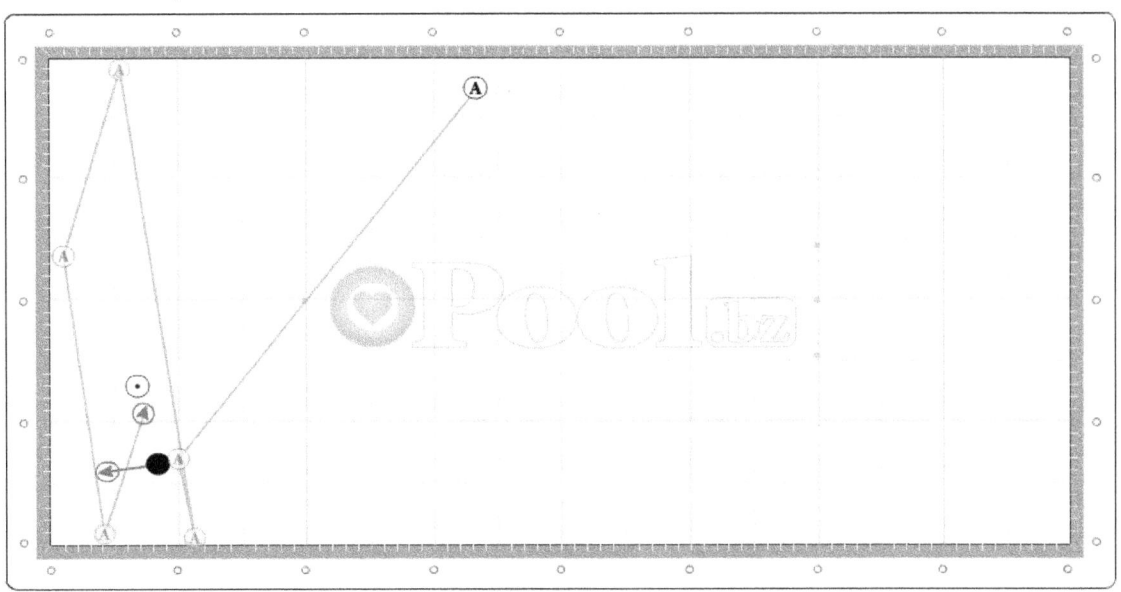

B:4c – Impostare

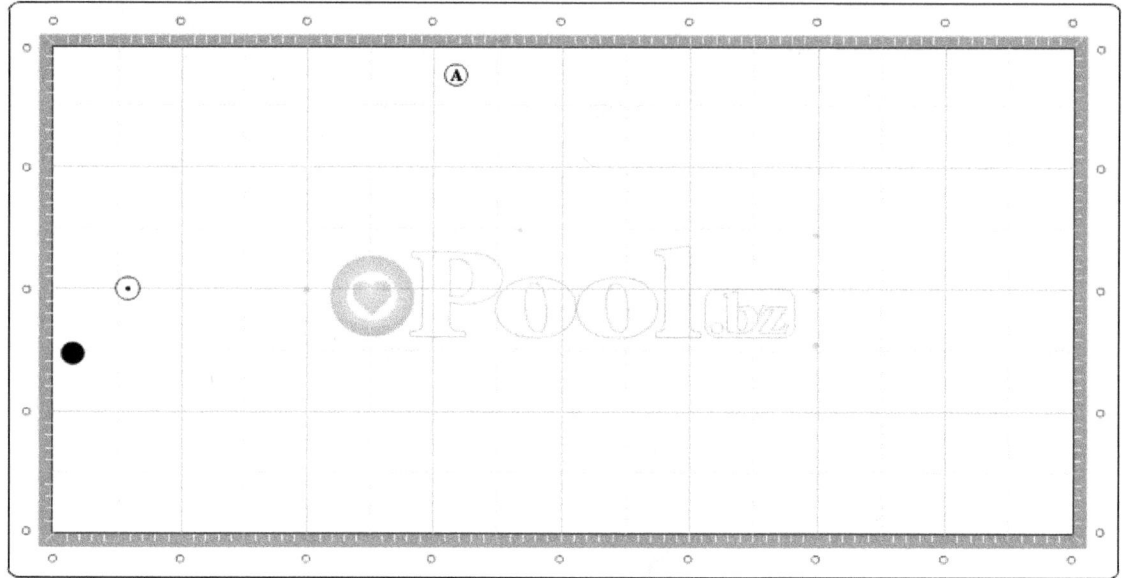

Note e idee:

Modello di colpo

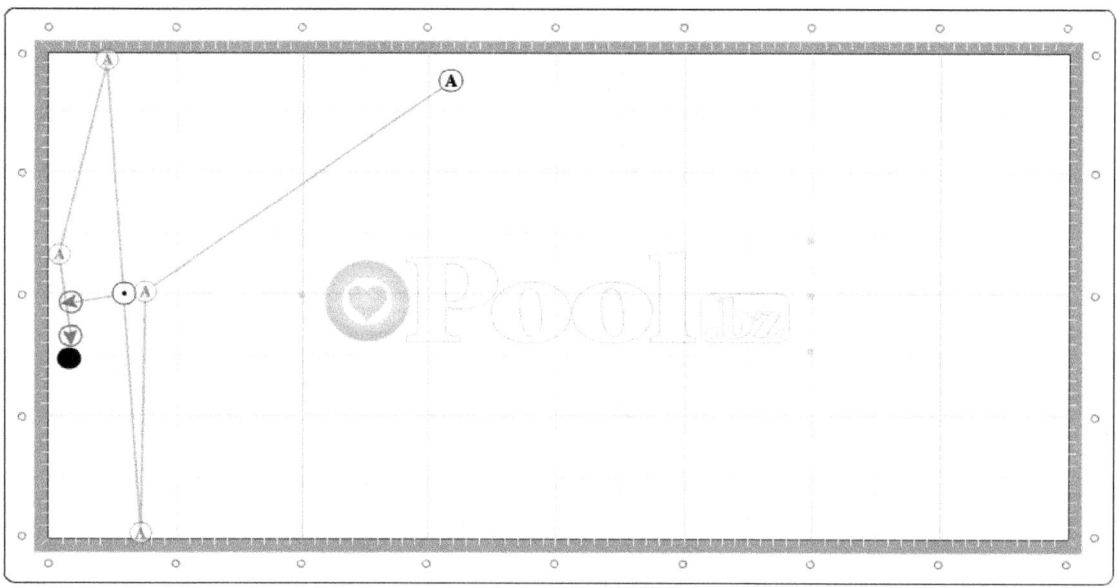

B:4d – Impostare

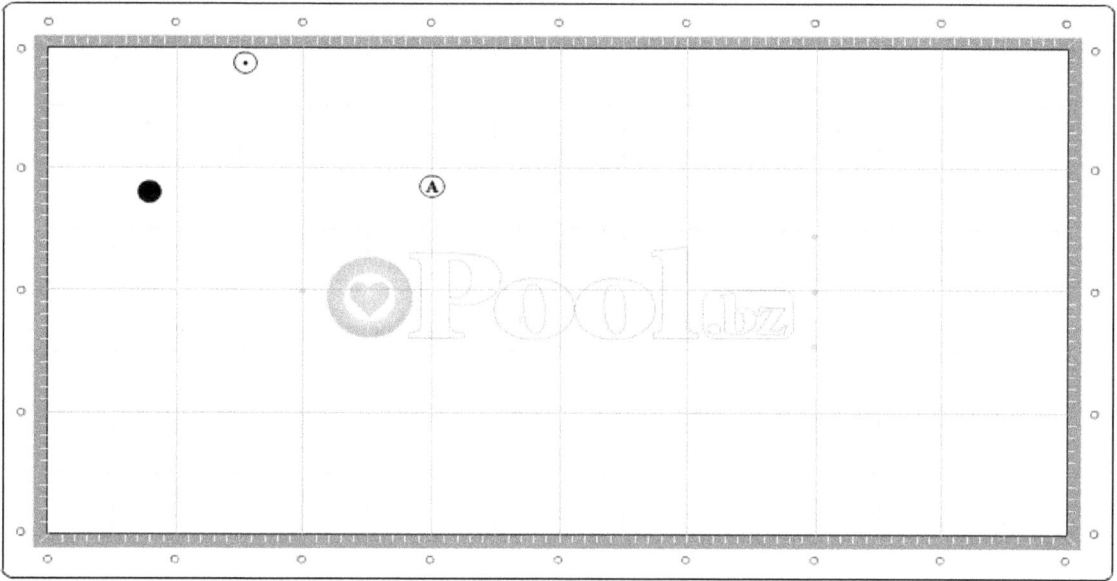

Note e idee:

Modello di colpo

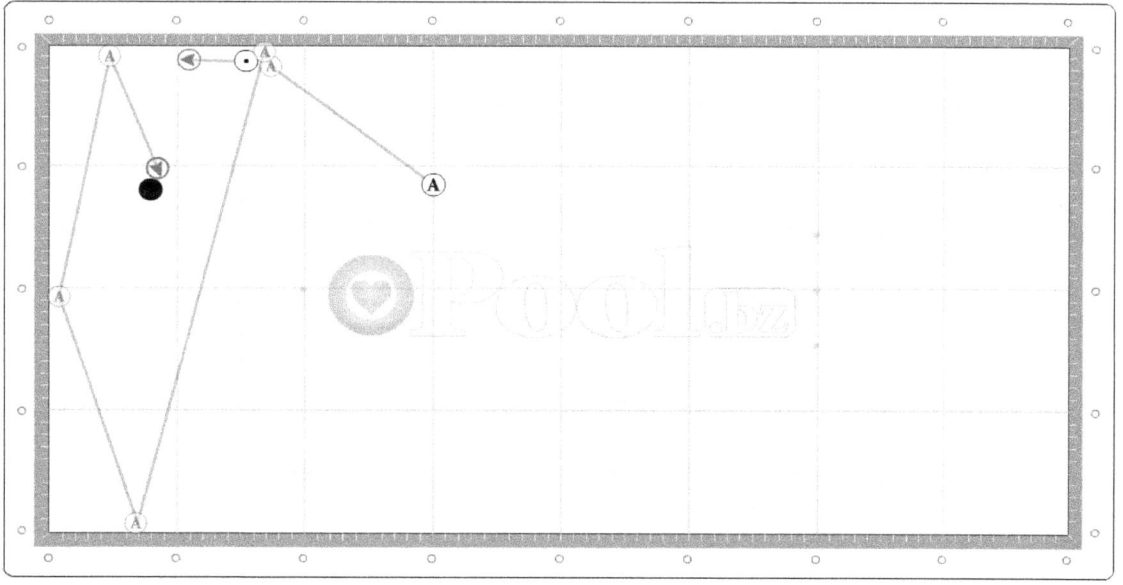

B: Gruppo 5

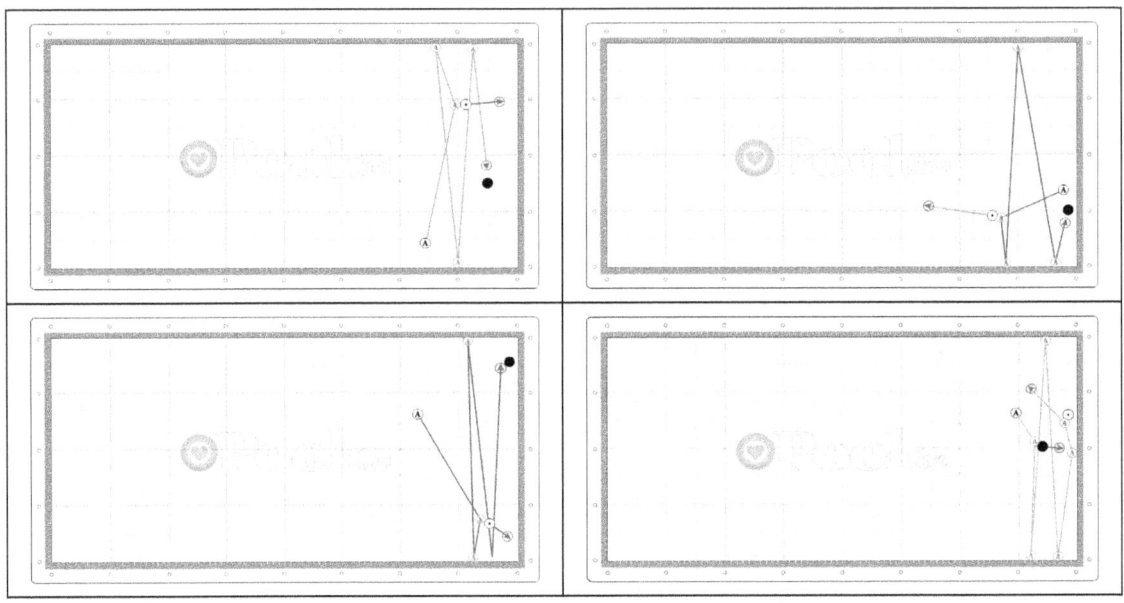

Analisi:

B:5a. _____

B:5b. _____

B:5c. _____

B:5d. _____

B:5a – Impostare

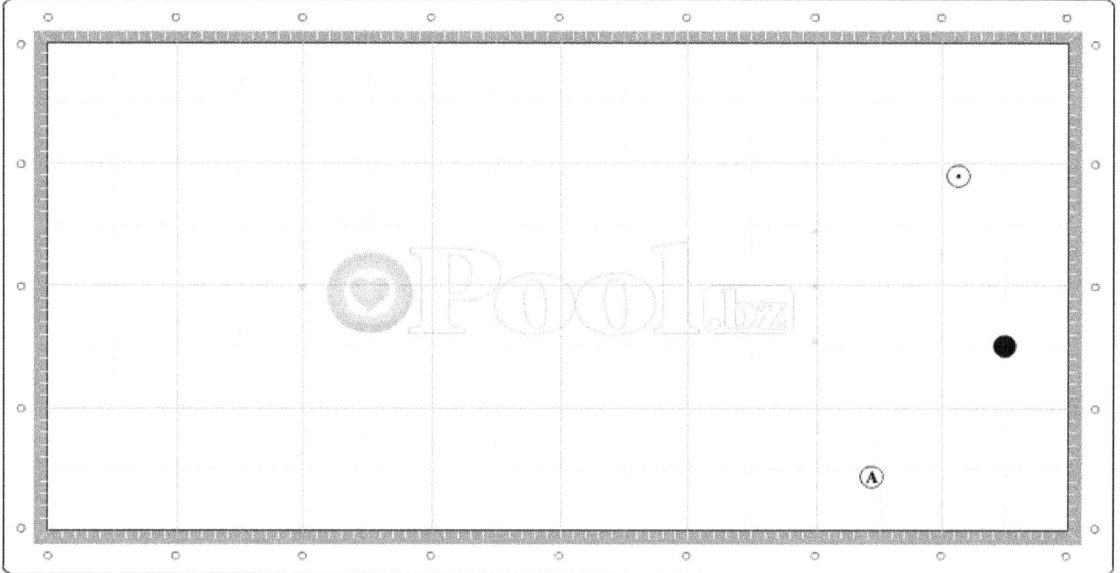

Note e idee:

Modello di colpo

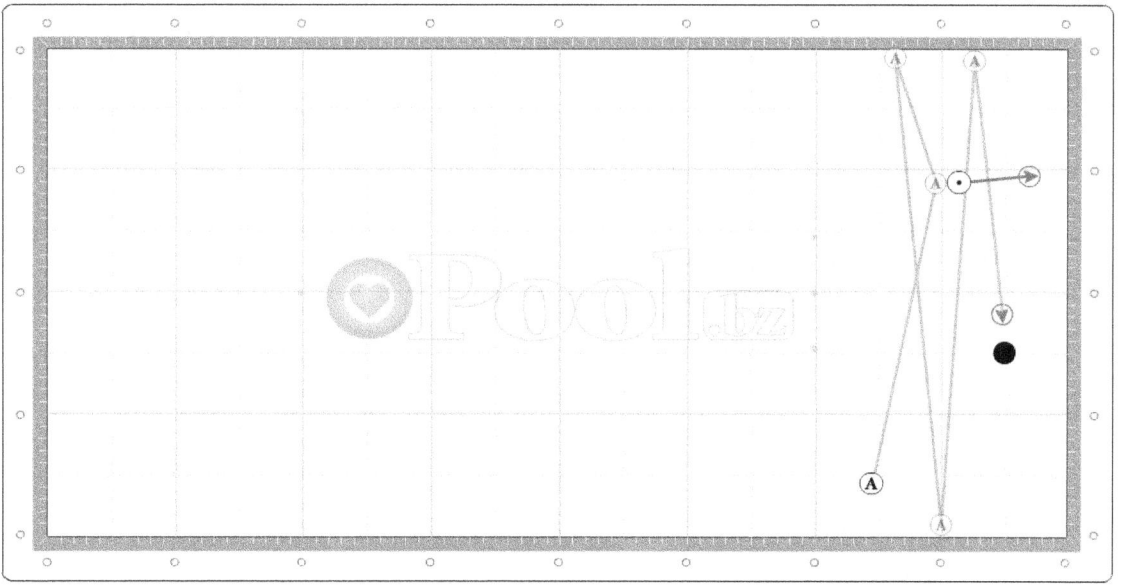

B:5b – Impostare

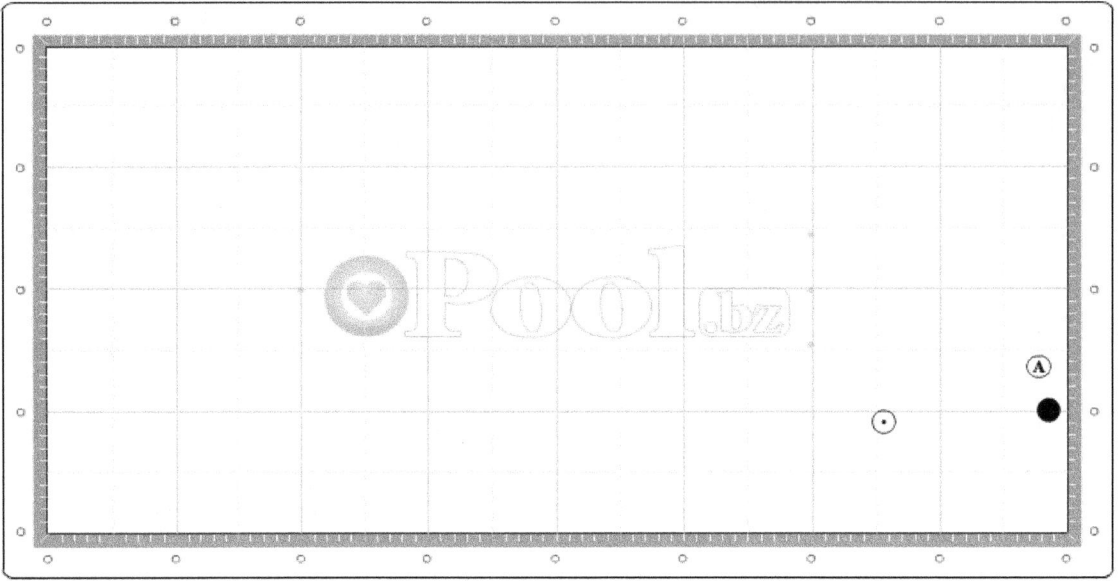

Note e idee:

Modello di colpo

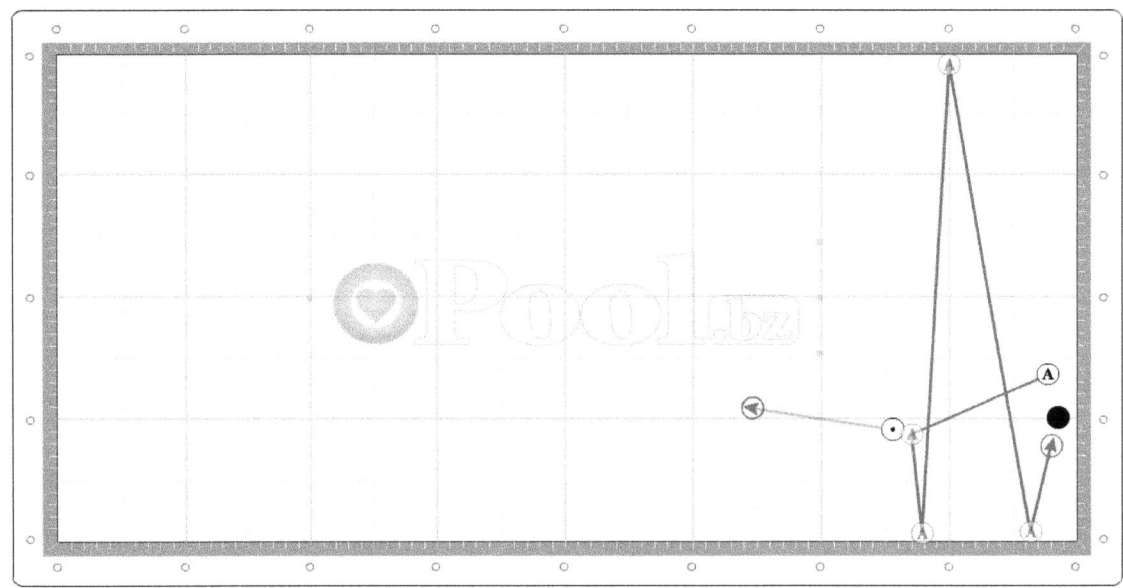

B:5c – Impostare

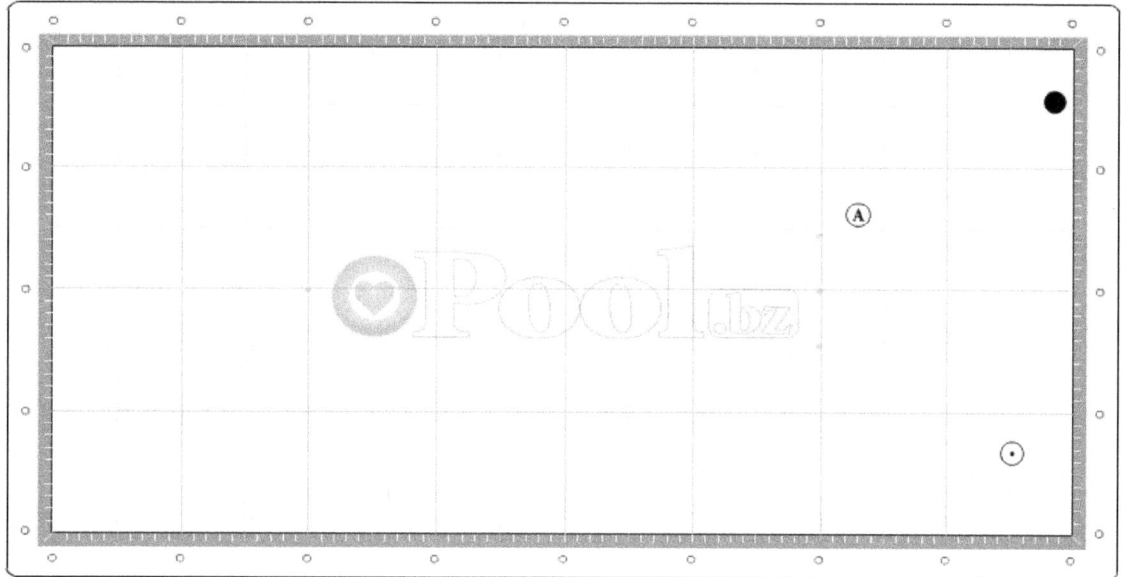

Note e idee:

Modello di colpo

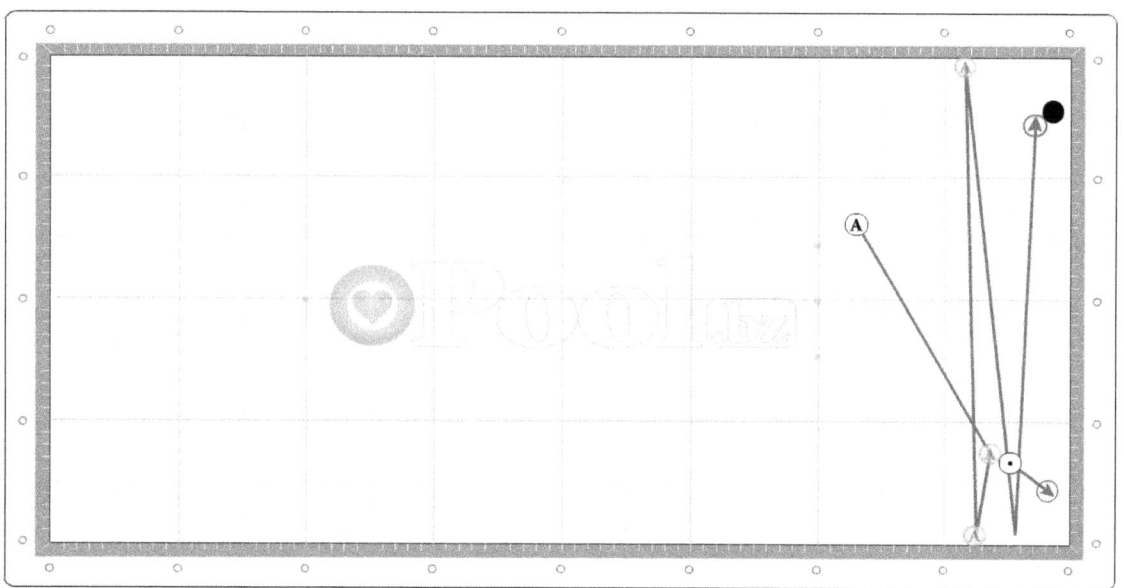

B:5d – Impostare

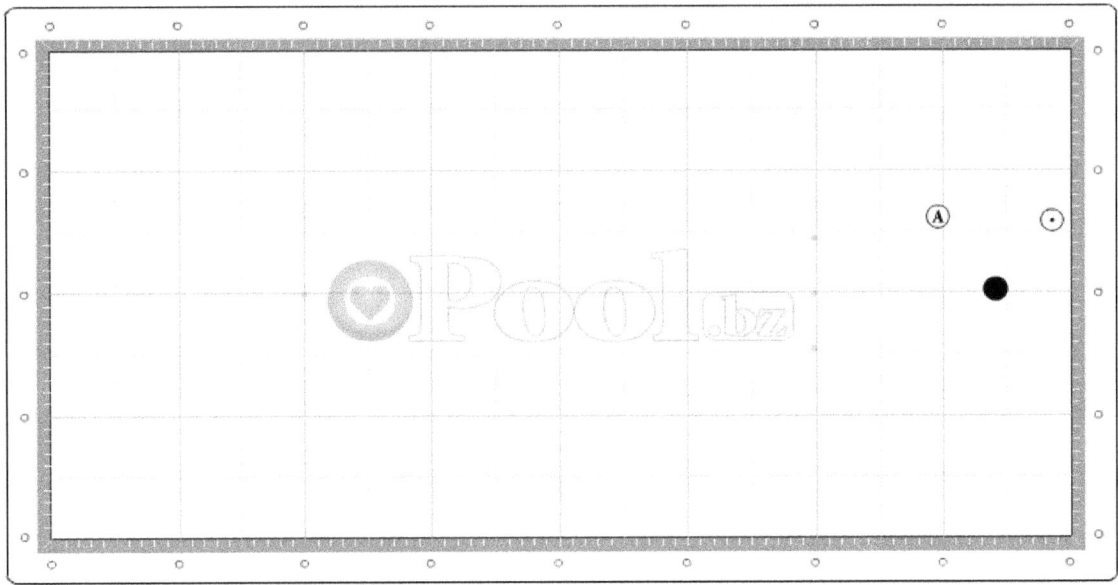

Note e idee:

Modello di colpo

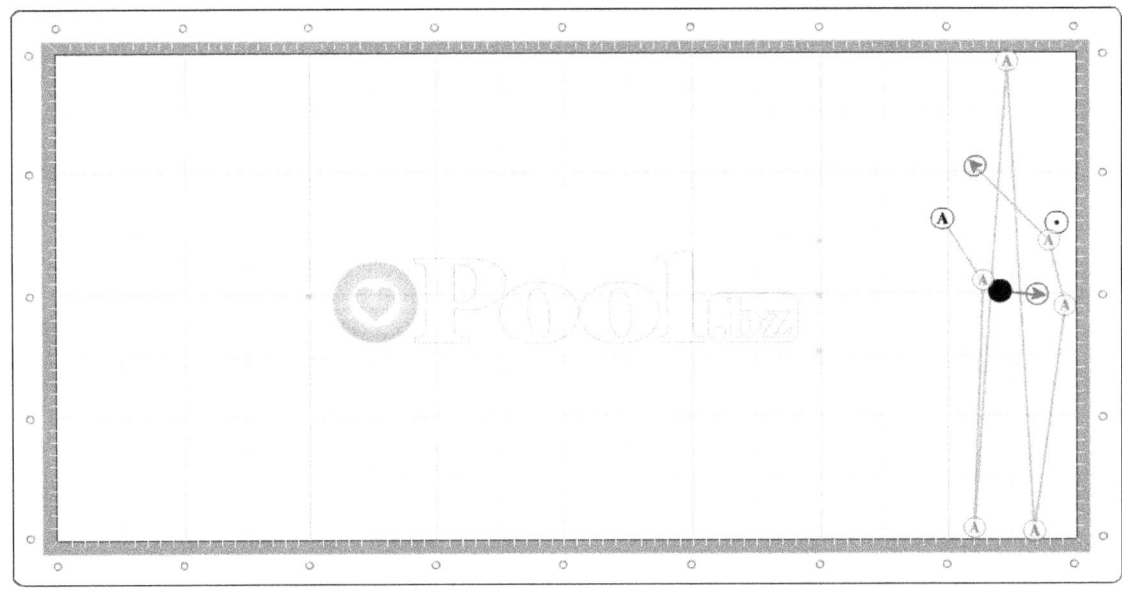

C: Mezzogiorno a zig zag

Il (CB) viaggia da un lato all'altro, all'interno di un'area di mezzo tavolo.

(A) (CB) (la tua palla) - ⊙ (OB) (palla dell'avversario) - ● (OB) (palla rossa)

C: Gruppo 1

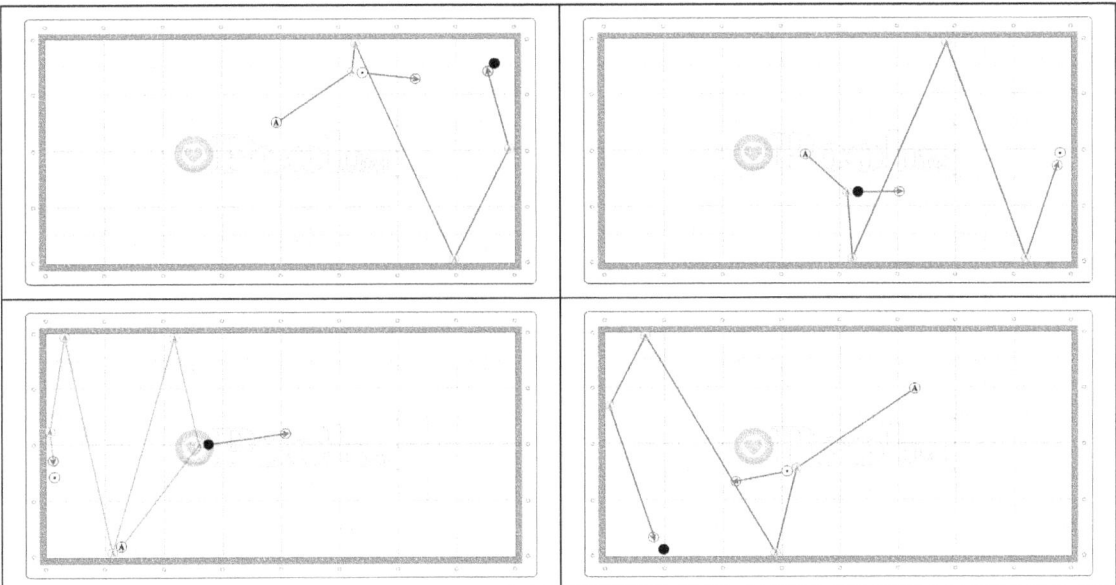

Analisi:

C:1a. _____

C:1b. _____

C:1c. _____

C:1d. _____

C:1a – Impostare

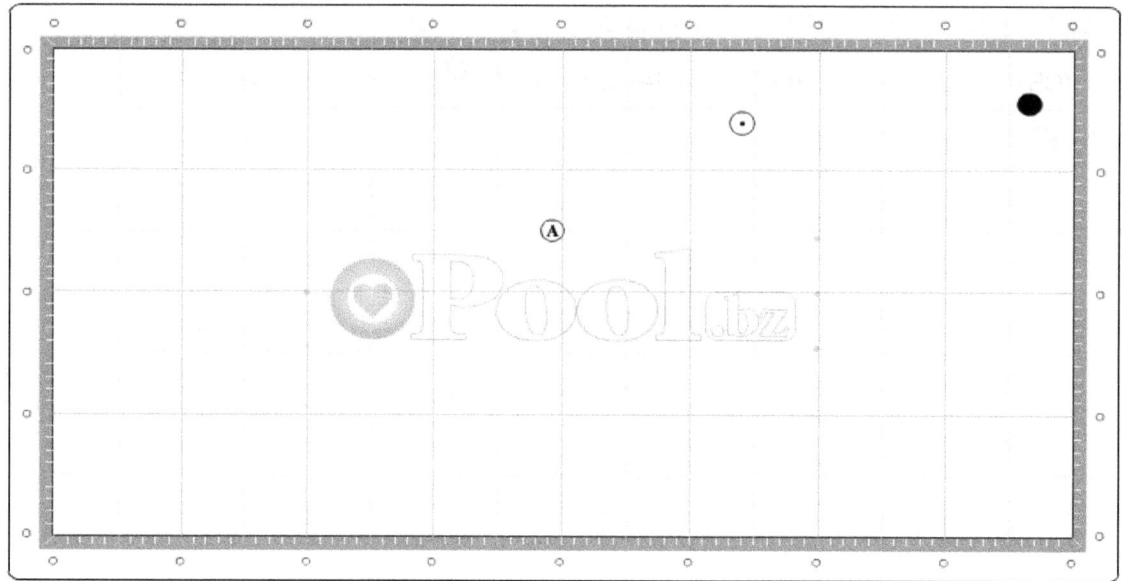

Note e idee:

Modello di colpo

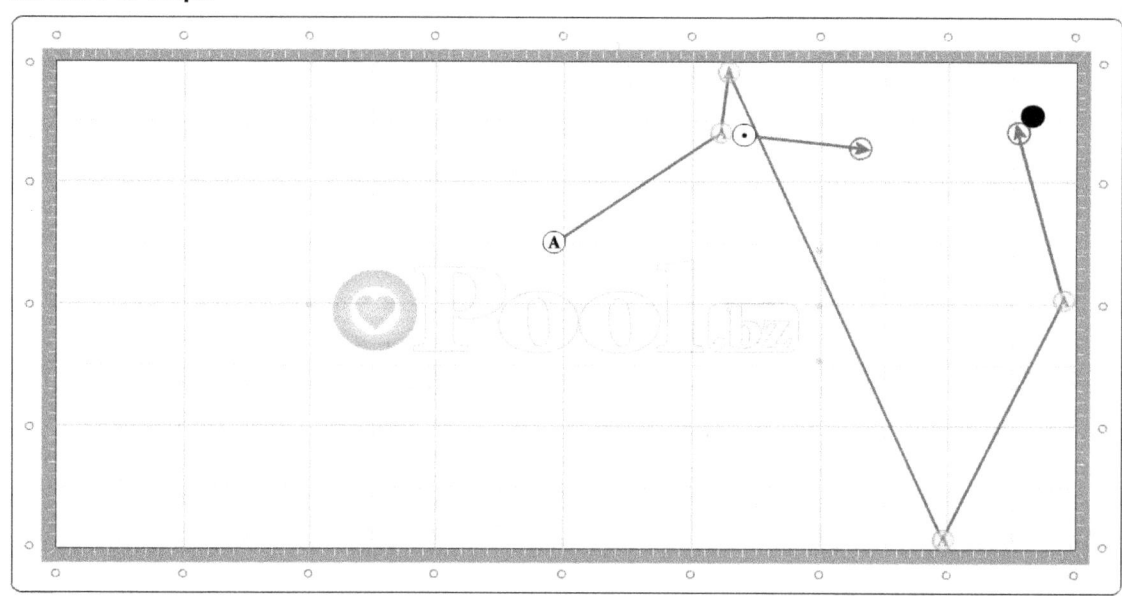

C:1b – Impostare

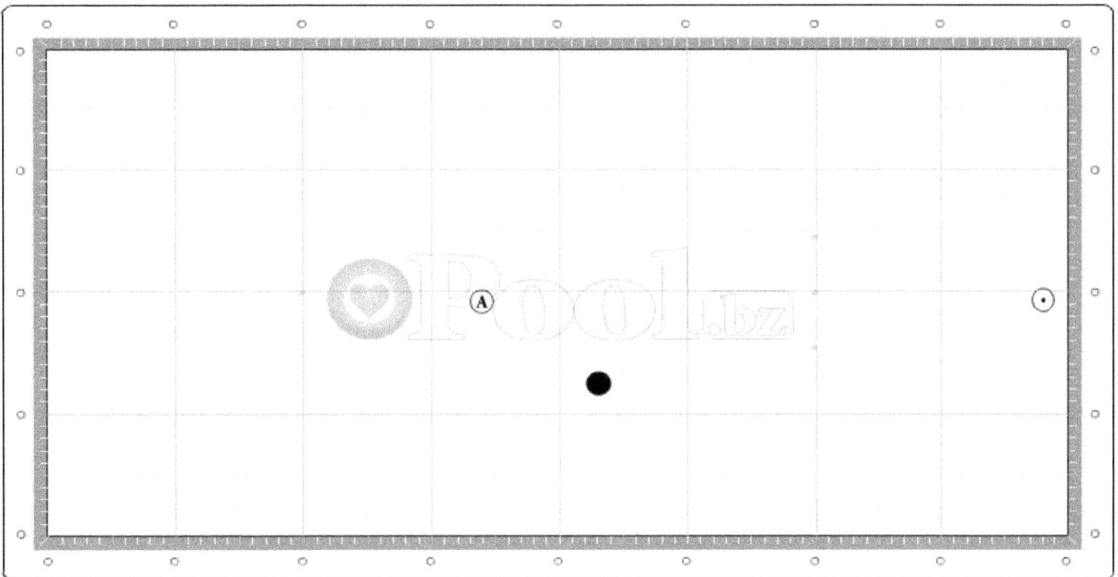

Note e idee:

Modello di colpo

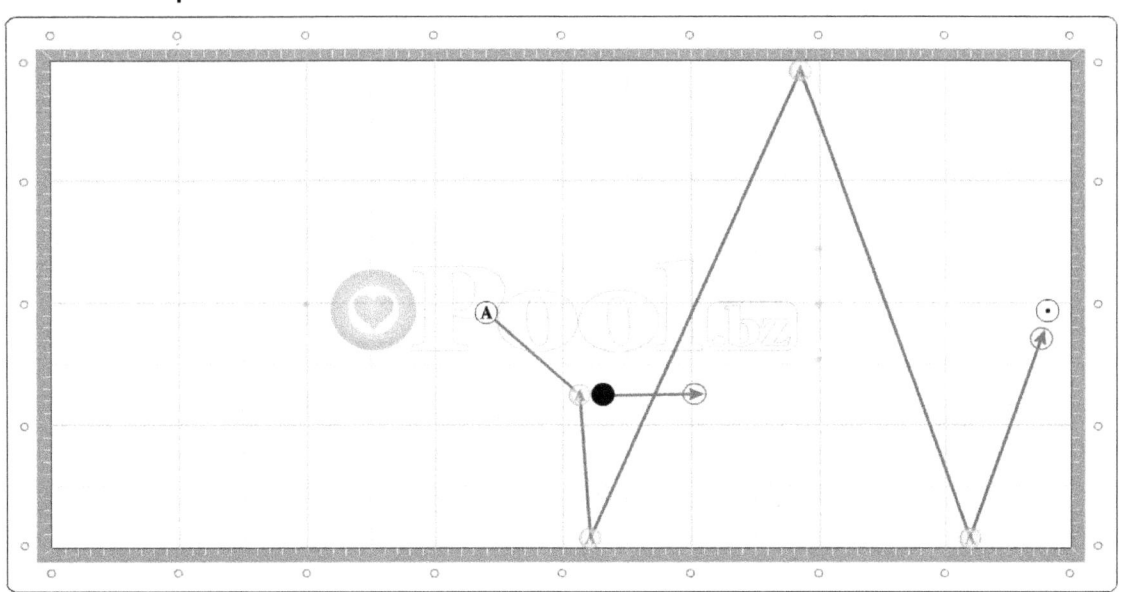

C:1c – Impostare

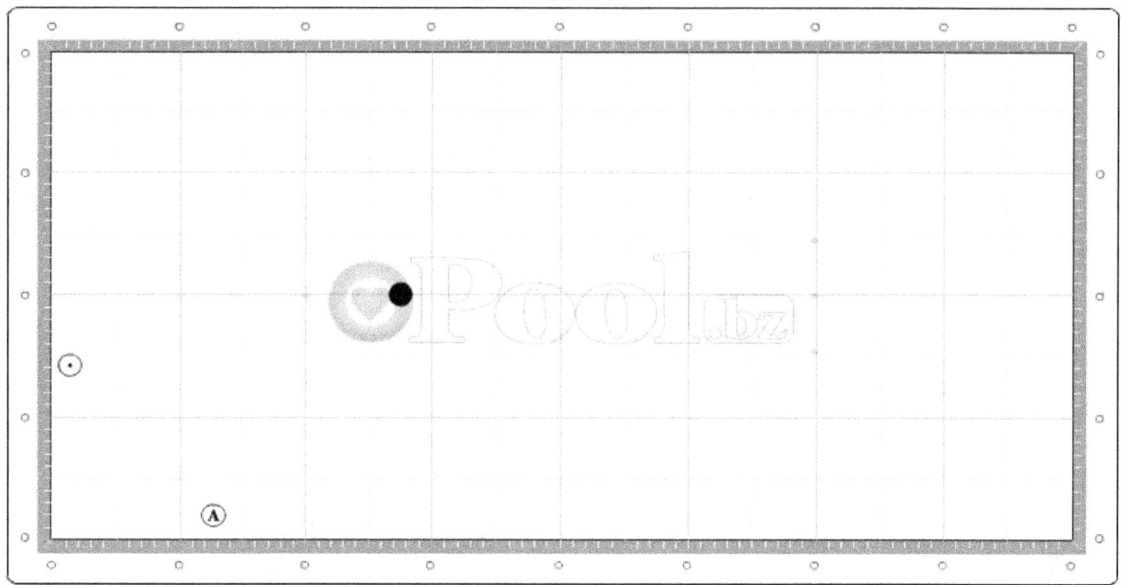

Note e idee:

Modello di colpo

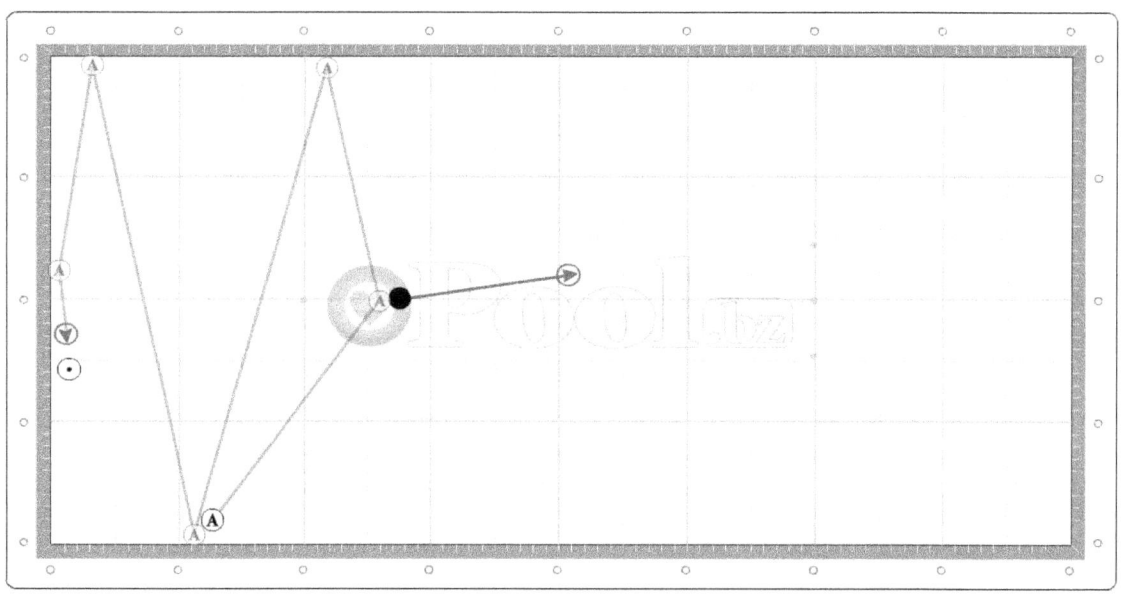

C:1d – Impostare

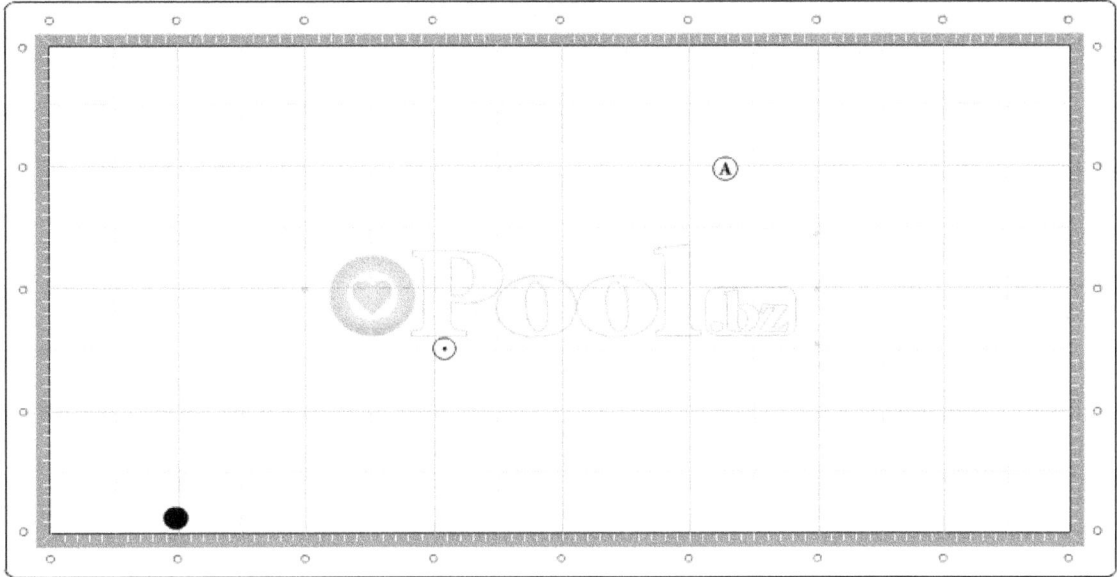

Note e idee:

Modello di colpo

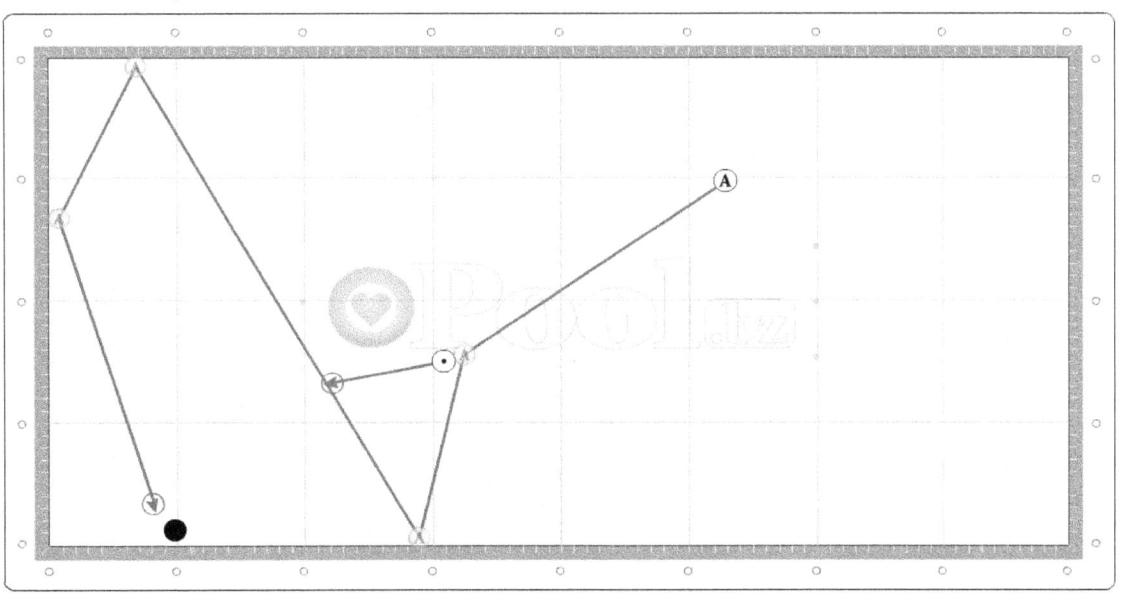

C: Gruppo 2

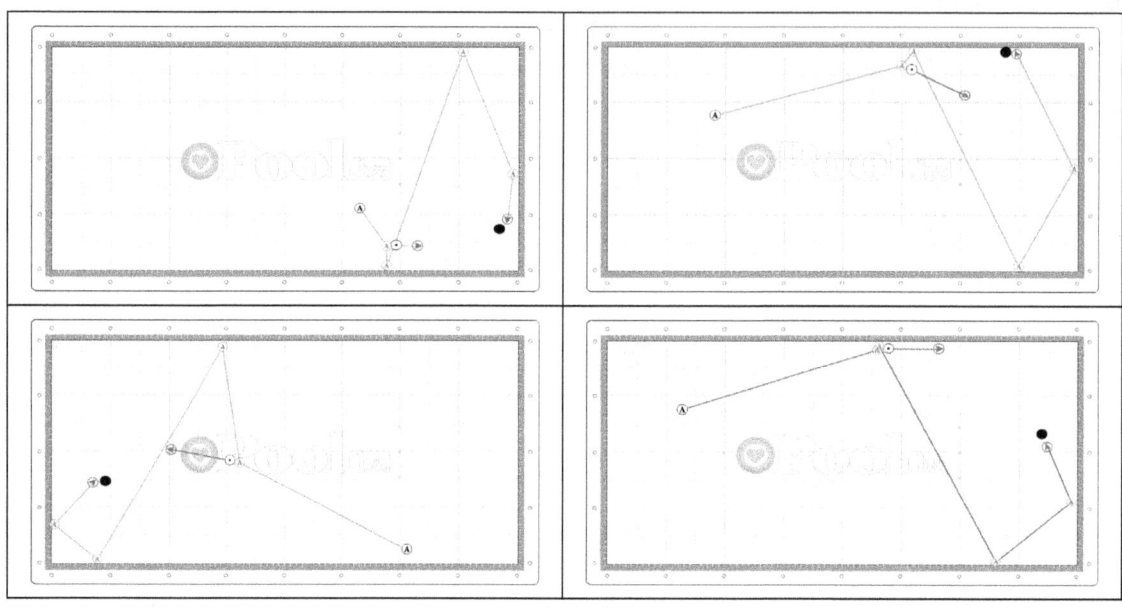

Analisi:

C:2a. _____

C:2b. _____

C:2c. _____

C:3d. _____

C:2a – Impostare

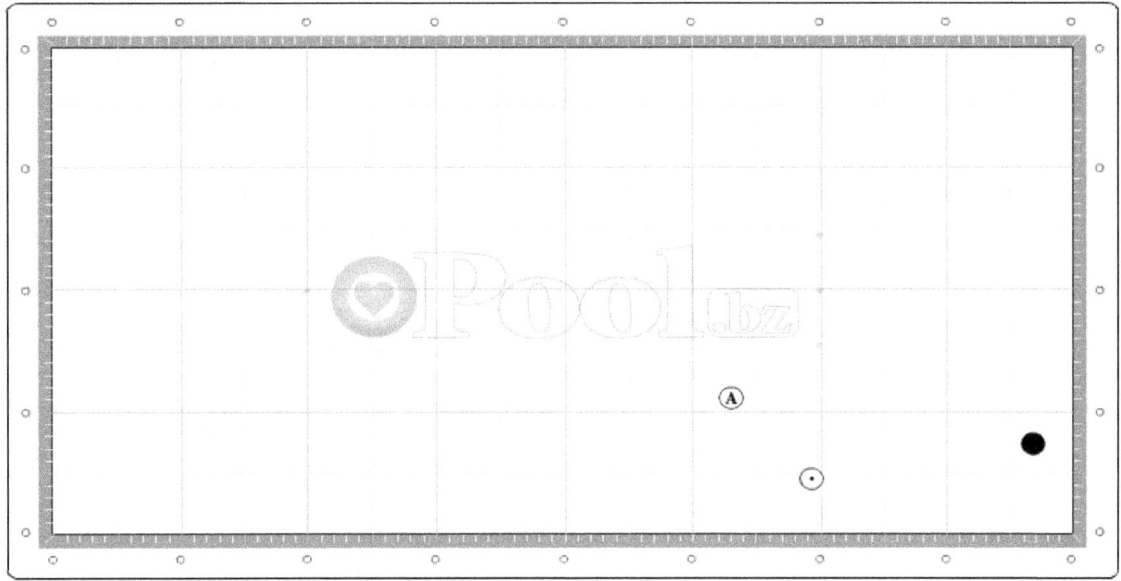

Note e idee:

Modello di colpo

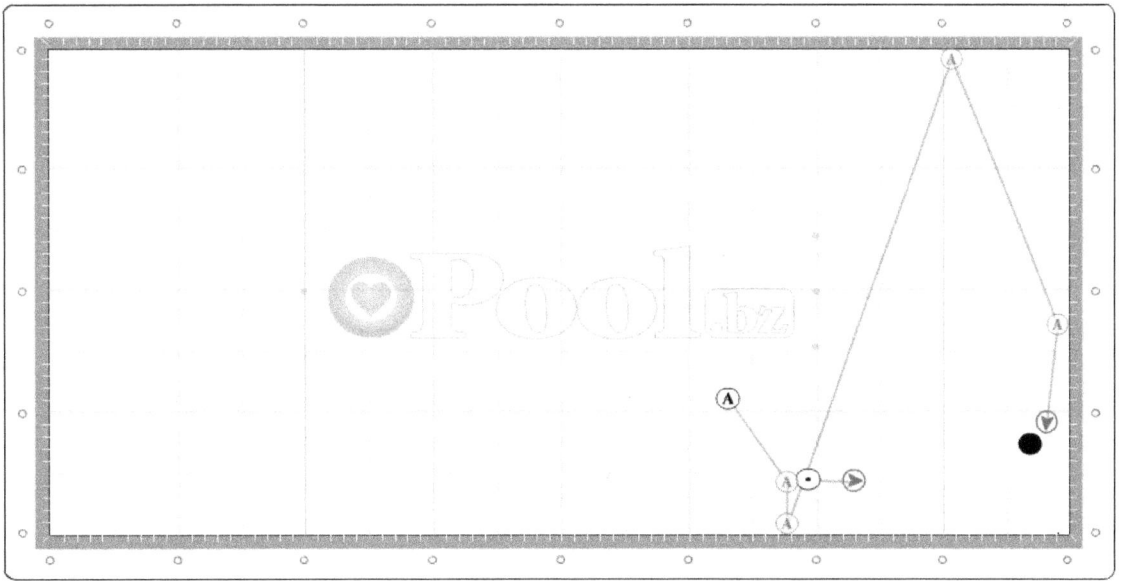

C:2b – Impostare

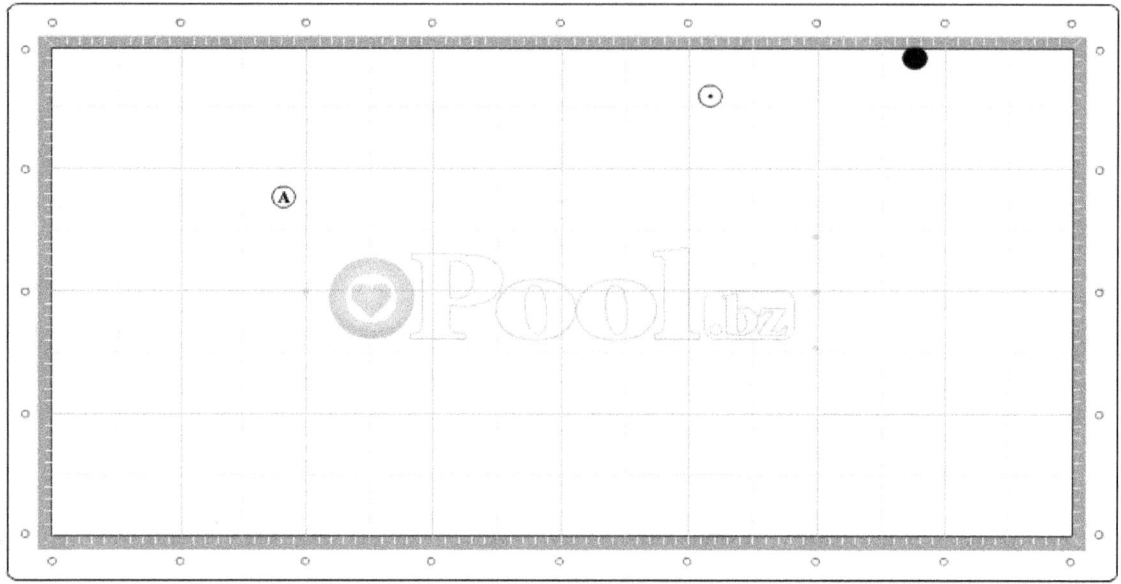

Note e idee:

Modello di colpo

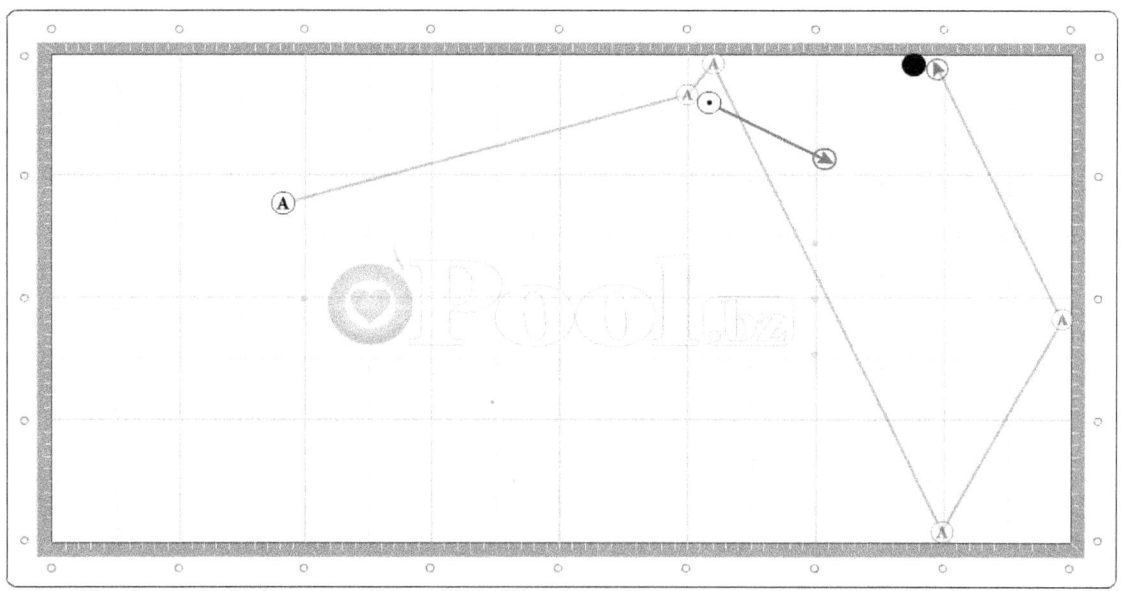

C:2c – Impostare

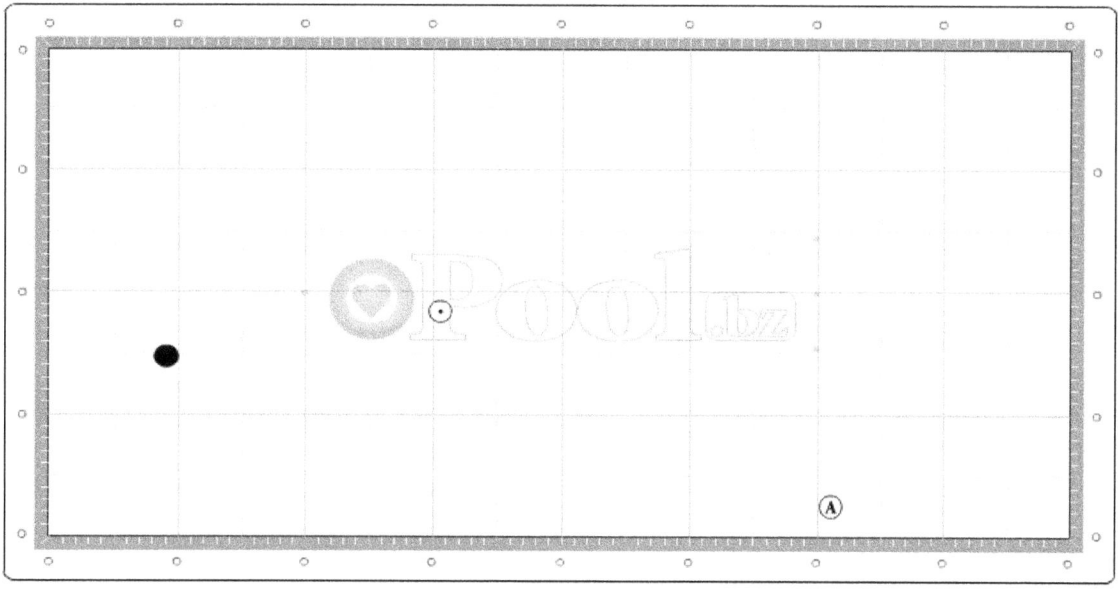

Note e idee:

Modello di colpo

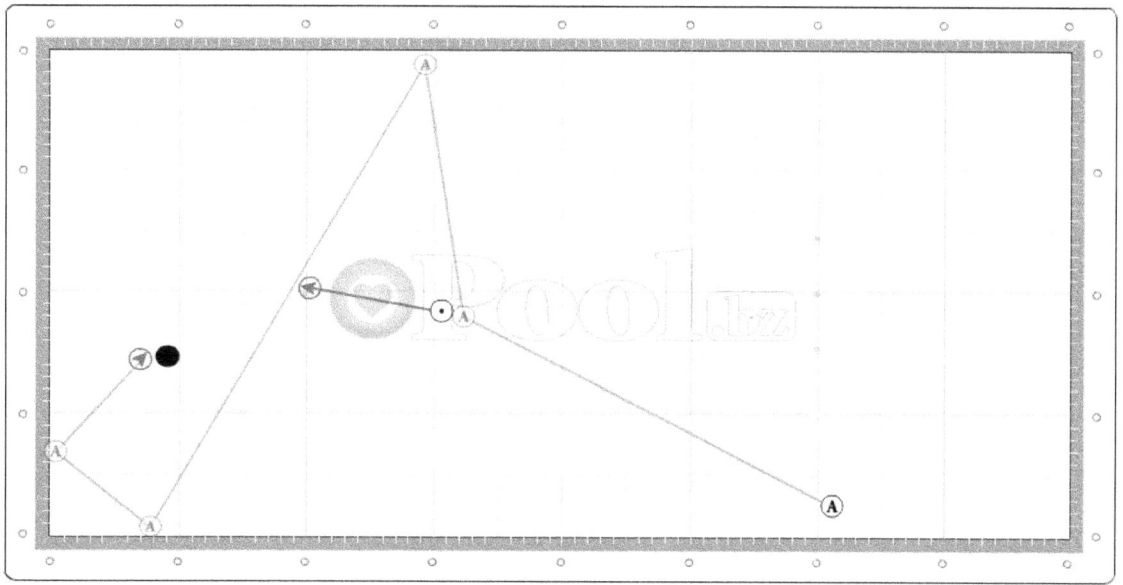

C:2d – Impostare

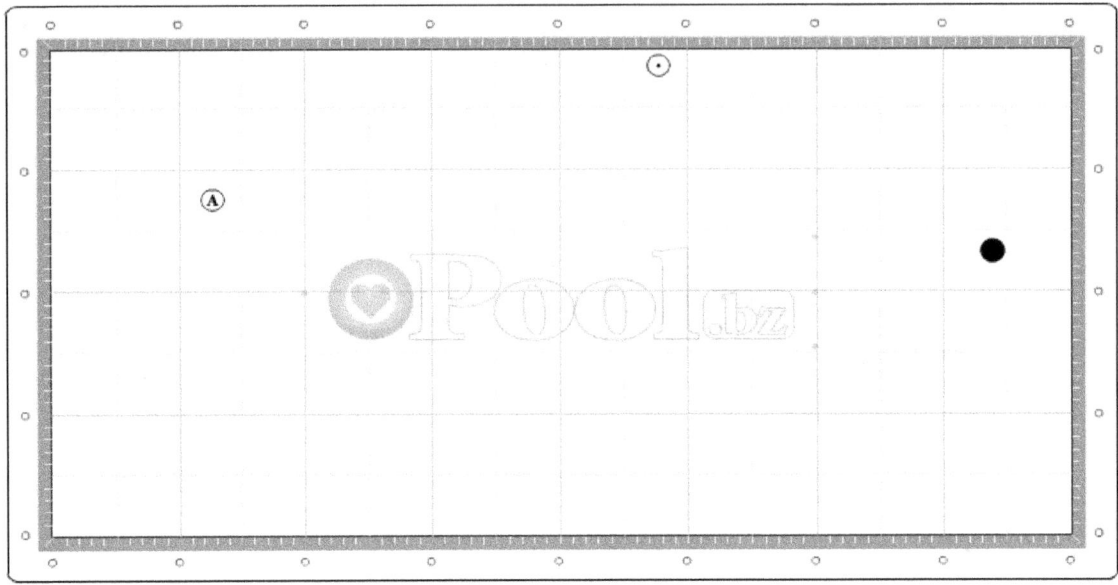

Note e idee:

Modello di colpo

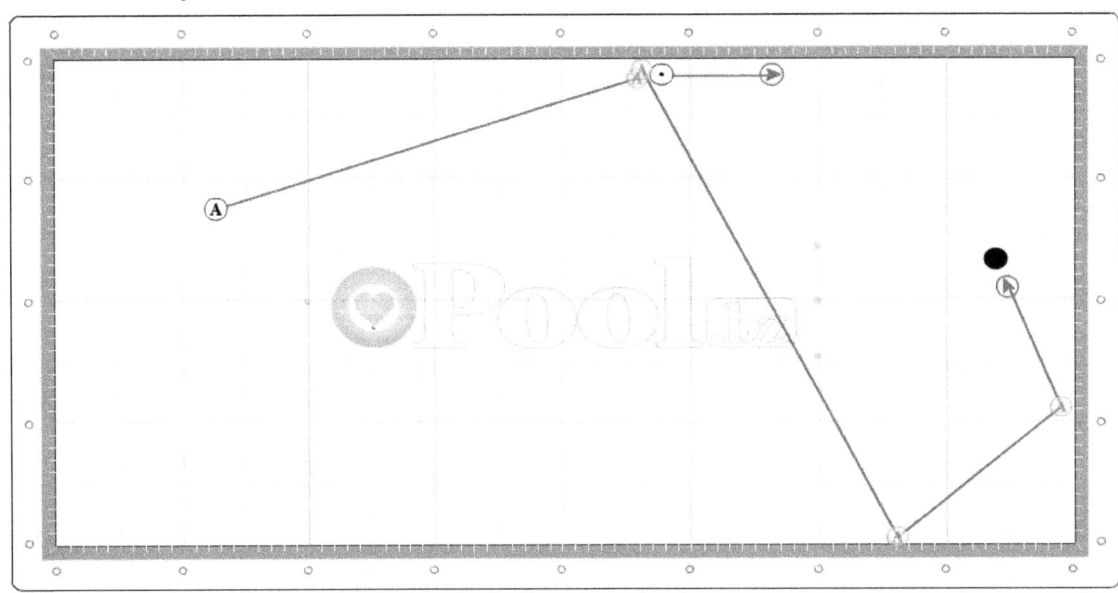

C: Gruppo 3

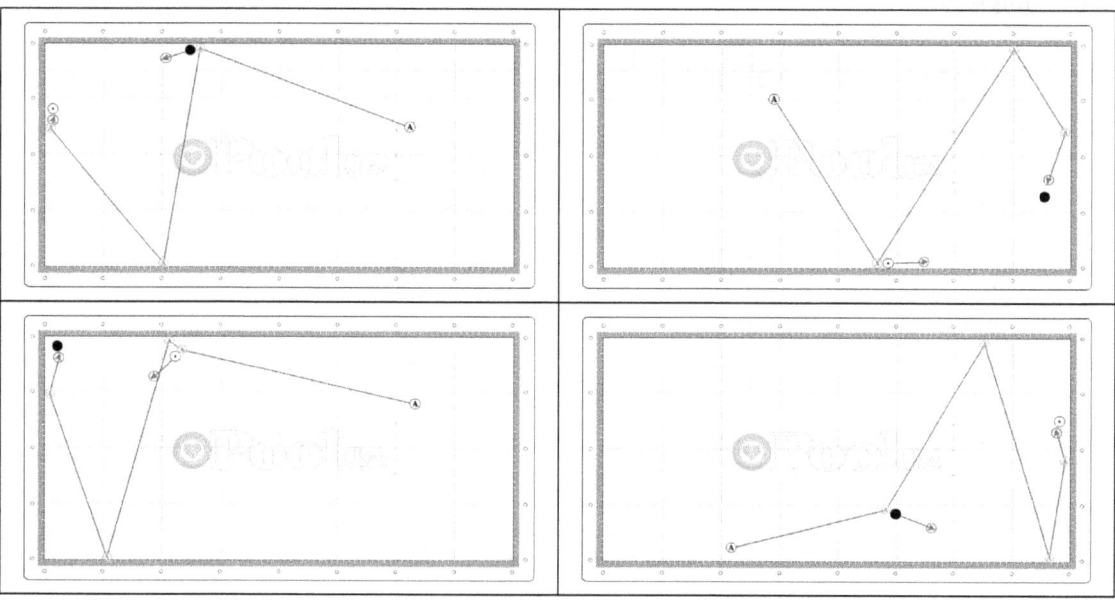

Analisi:

C:3a. _____

C:3b. _____

C:3c. _____

C:3d. _____

C:3a – Impostare

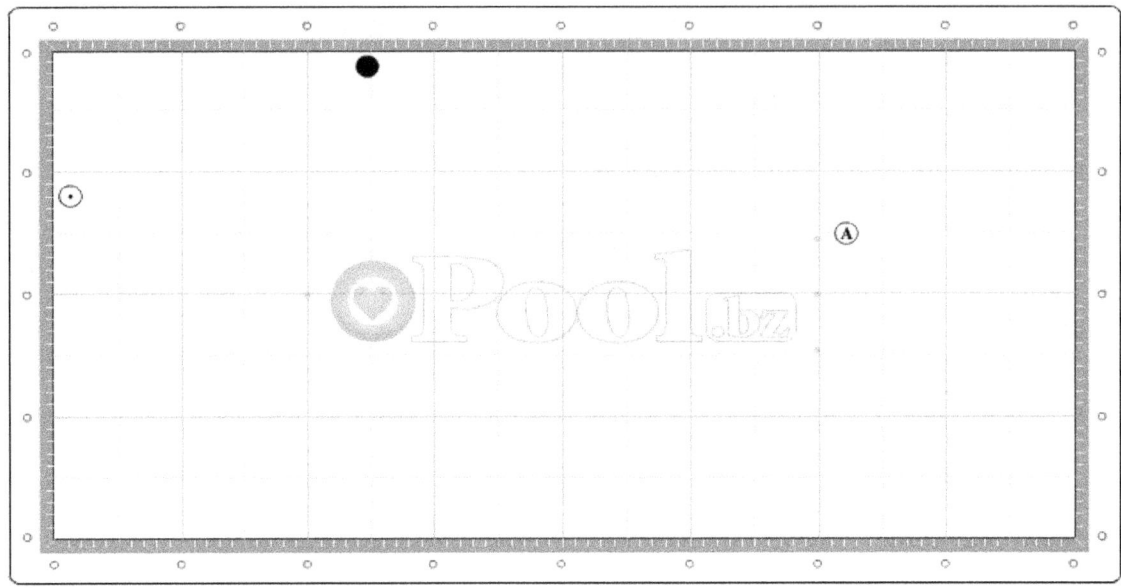

Note e idee:

Modello di colpo

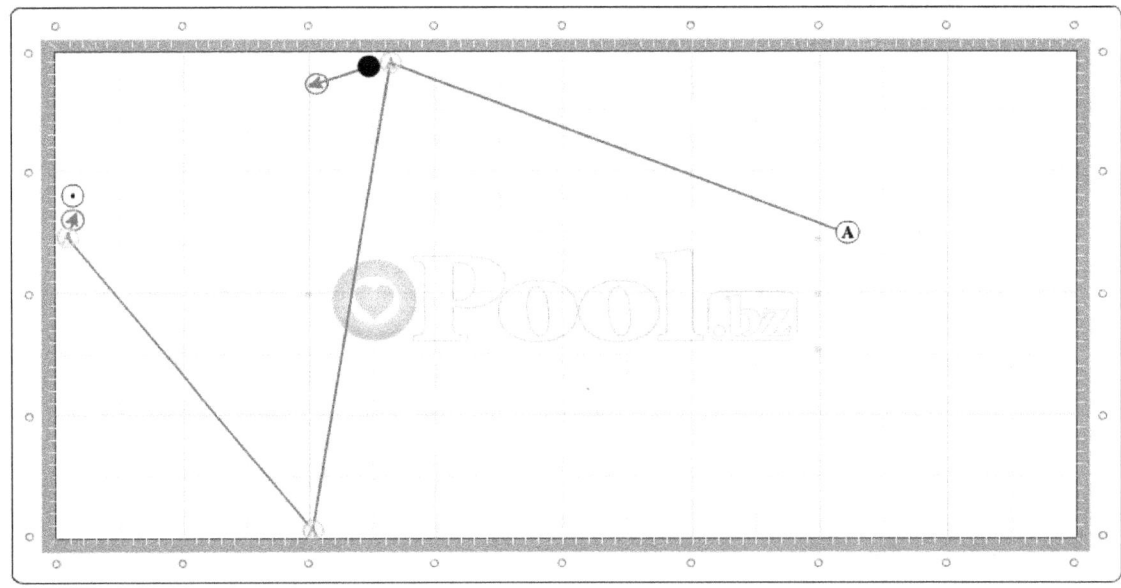

C:3b – Impostare

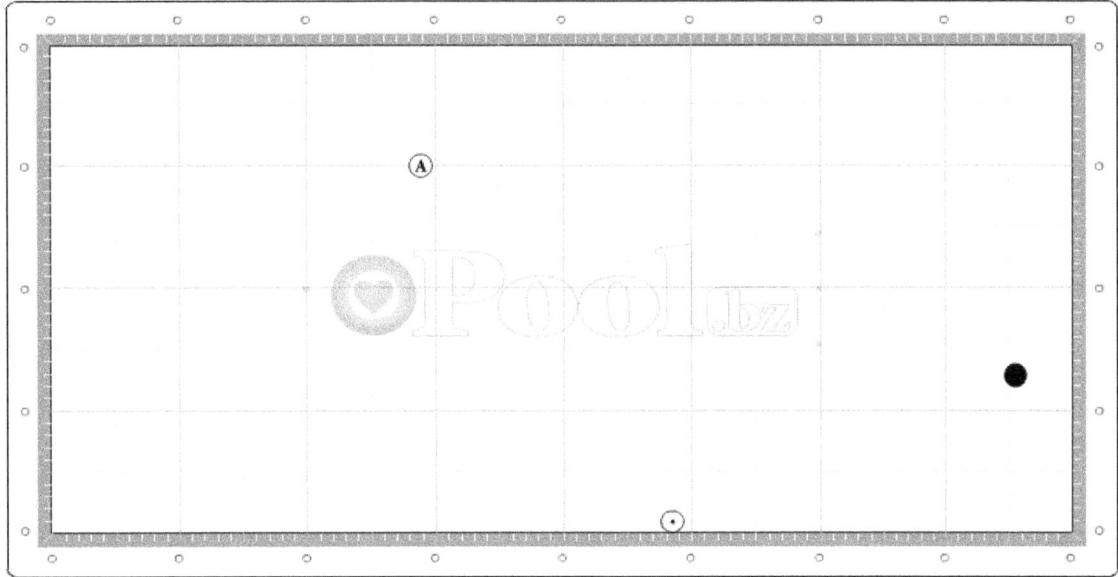

Note e idee:

Modello di colpo

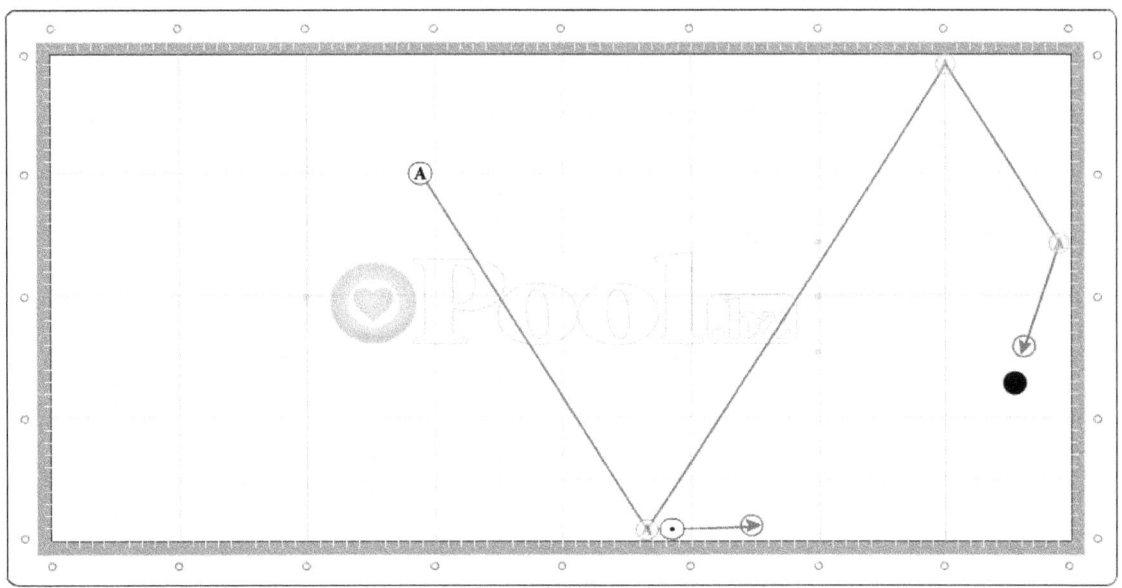

C:3c – Impostare

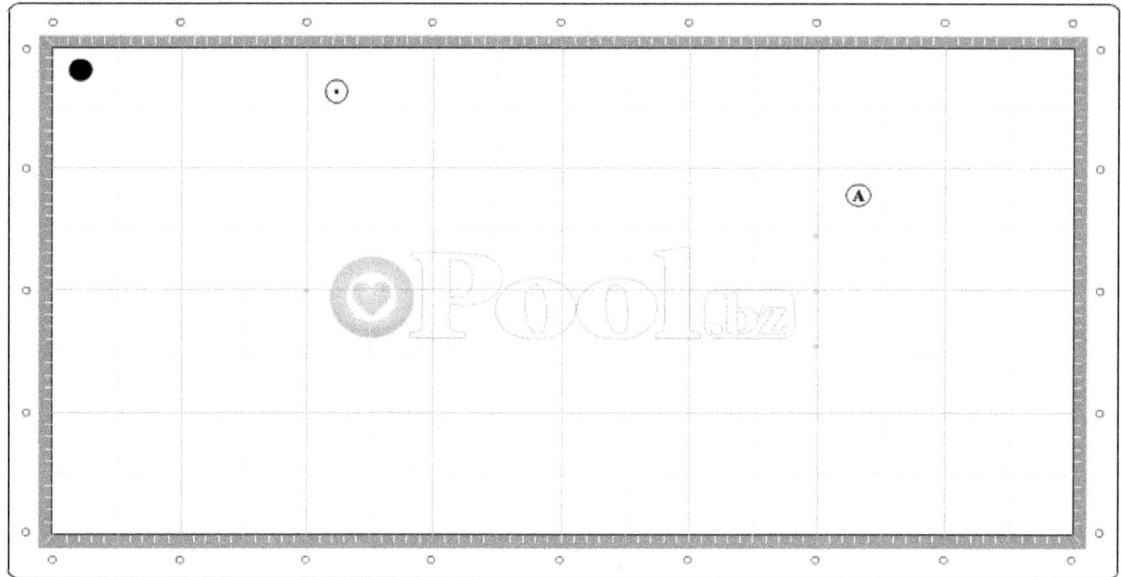

Note e idee:

Modello di colpo

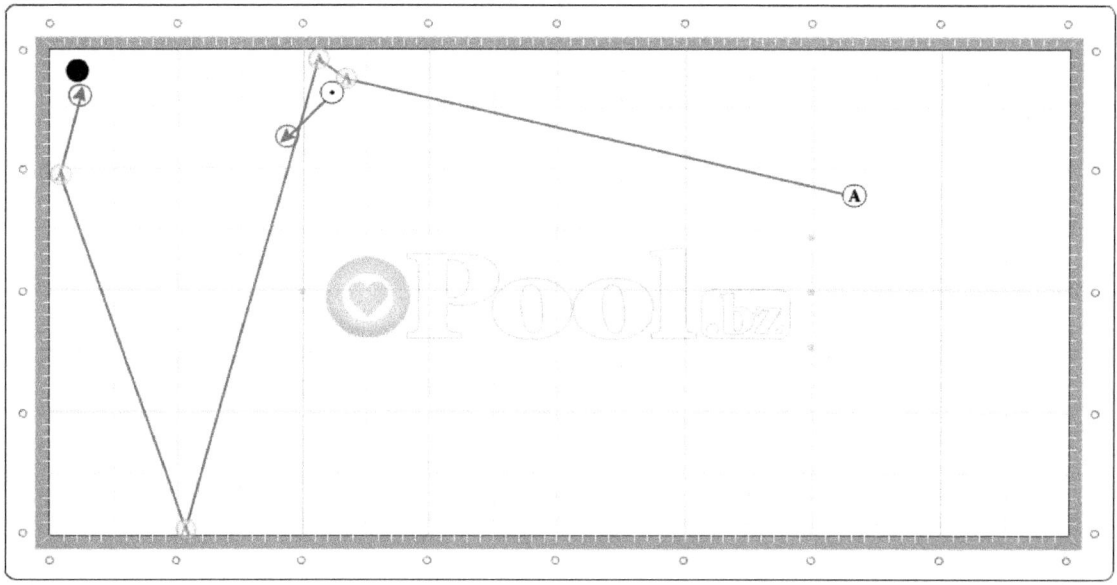

C:3d – Impostare

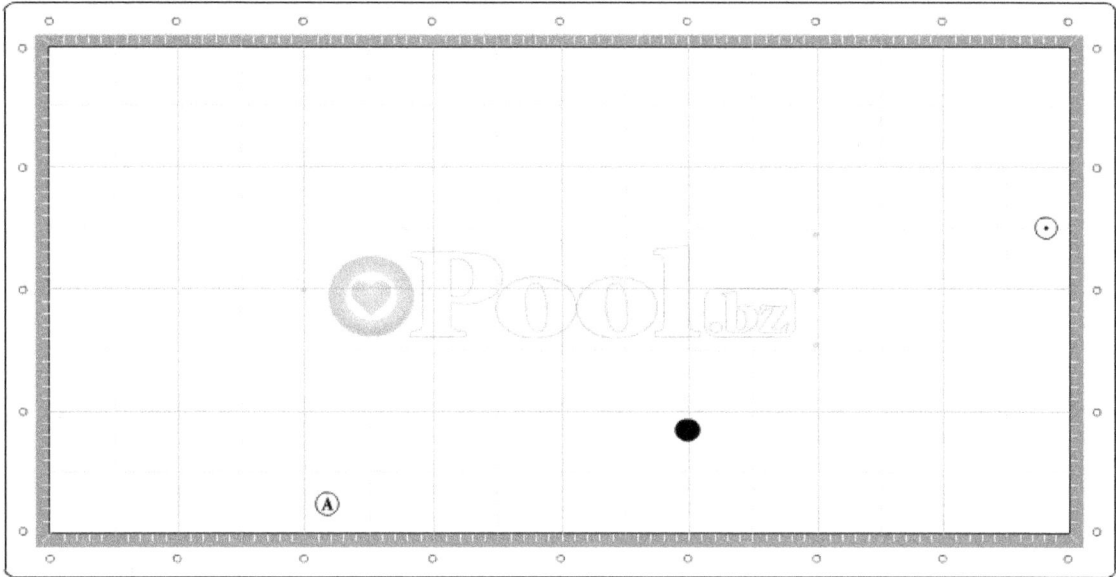

Note e idee:

Modello di colpo

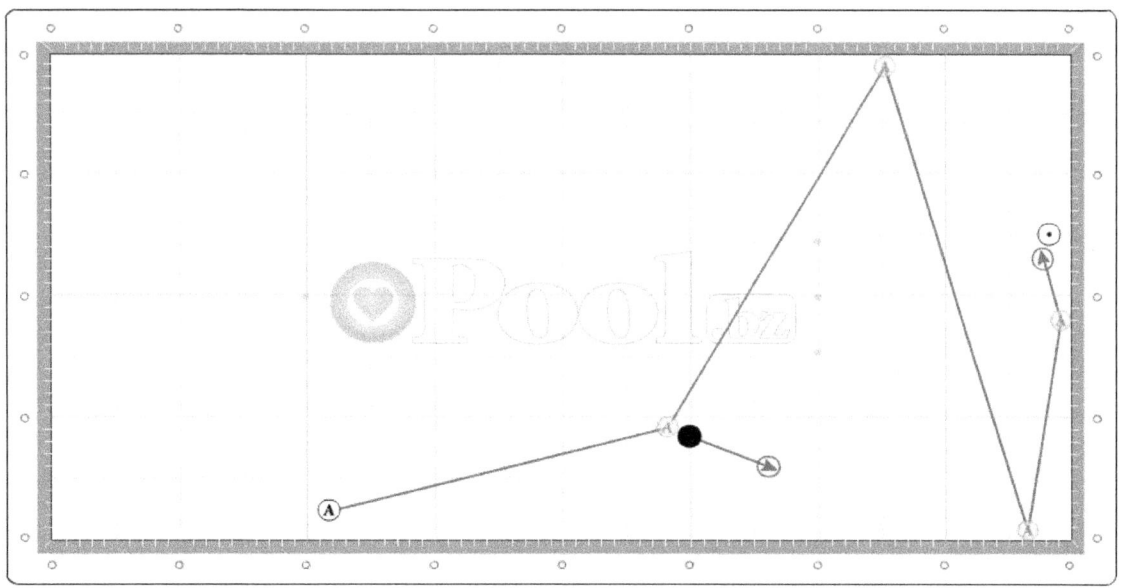

C: Gruppo 4

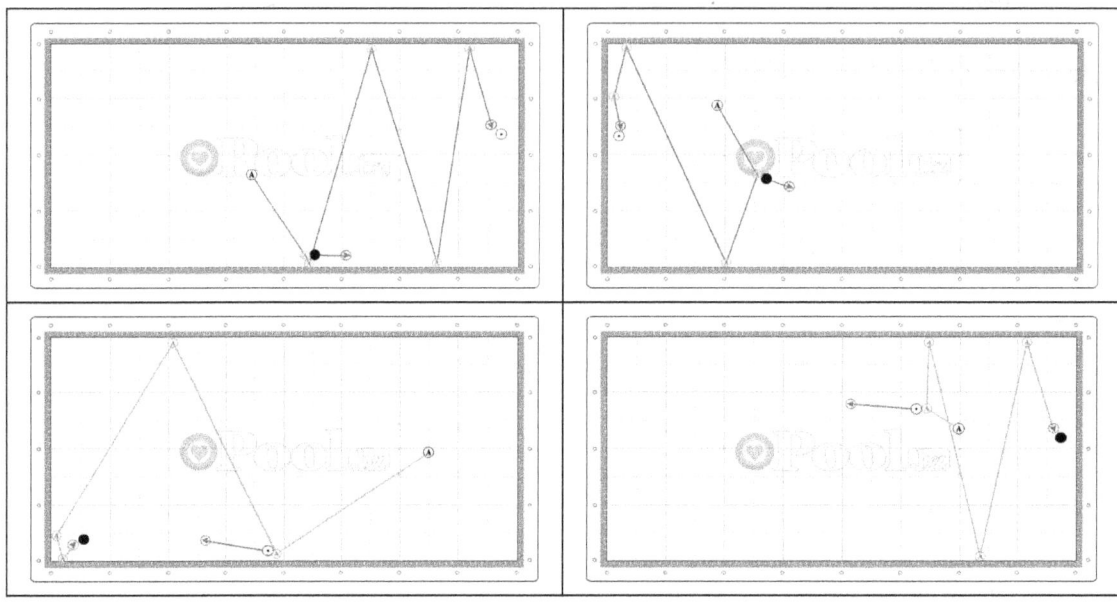

Analisi:

C:4a. _____

C:4b. _____

C:4c. _____

C:4d. _____

C:4a – Impostare

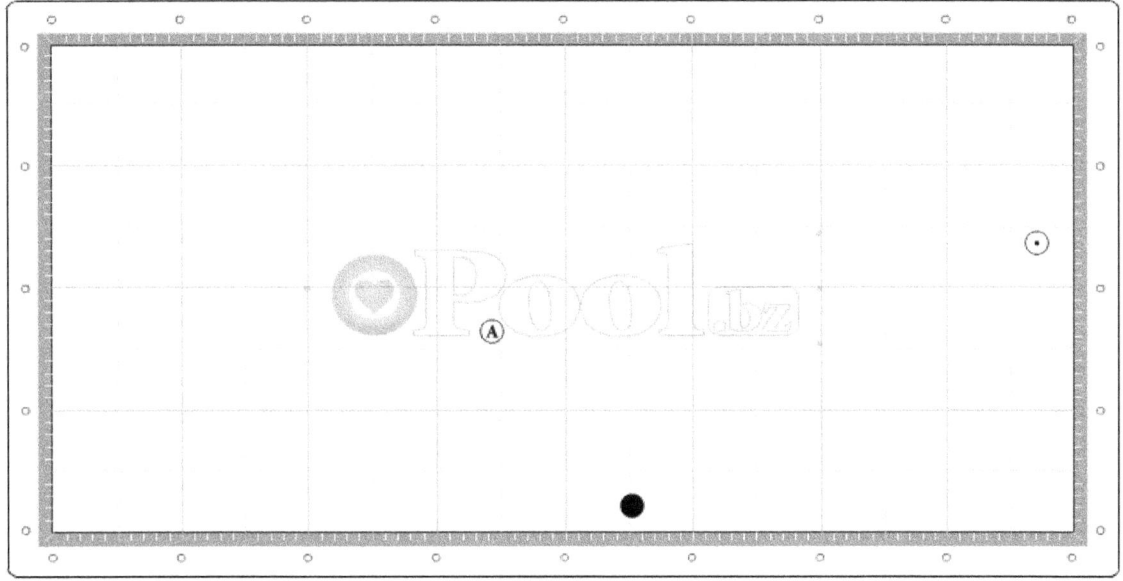

Note e idee:

Modello di colpo

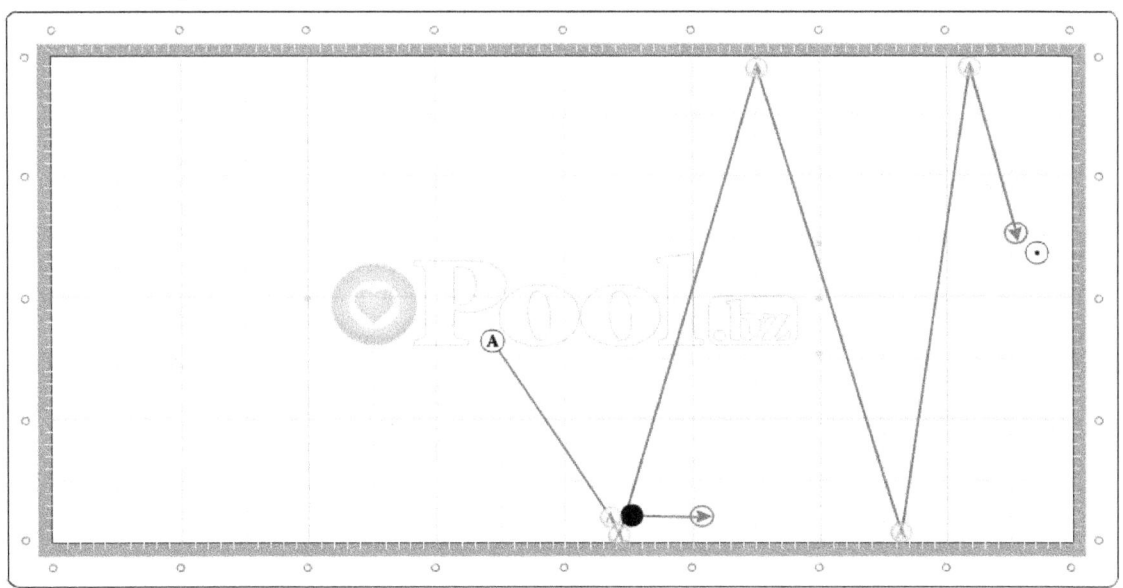

C:4b – Impostare

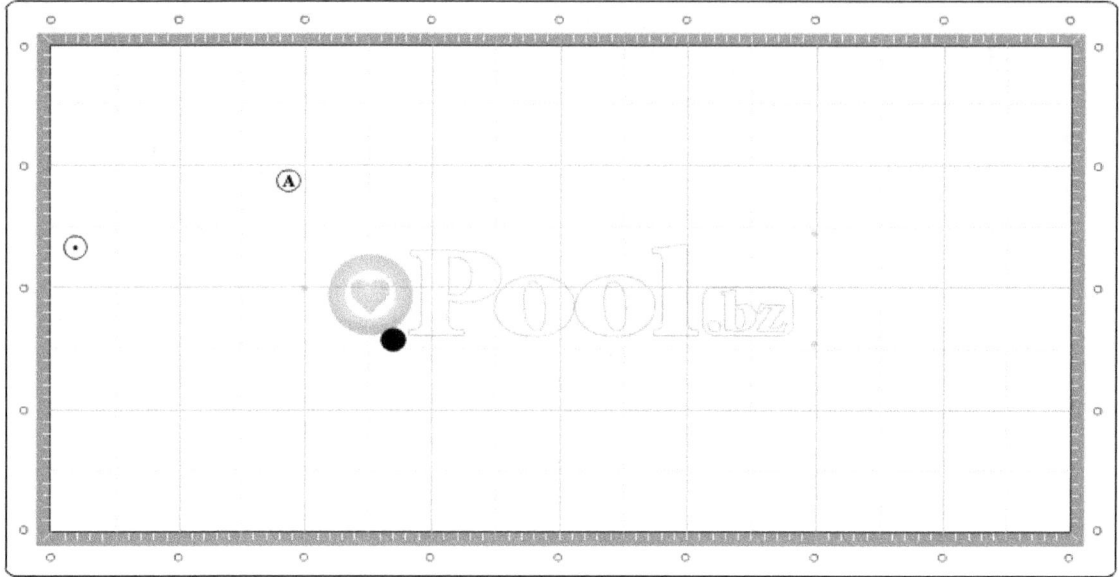

Note e idee:

Modello di colpo

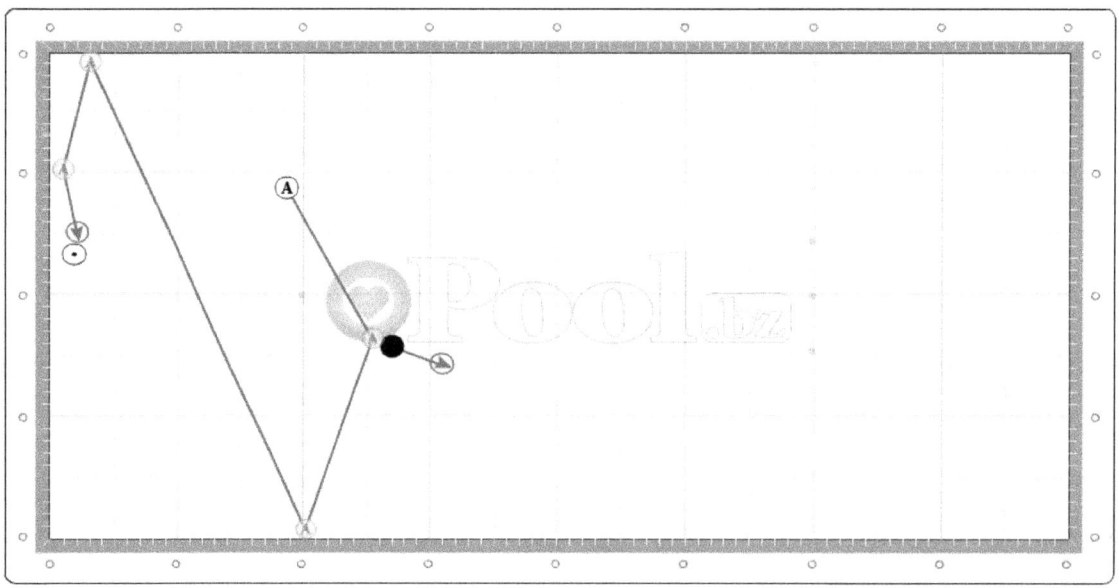

C:4c – Impostare

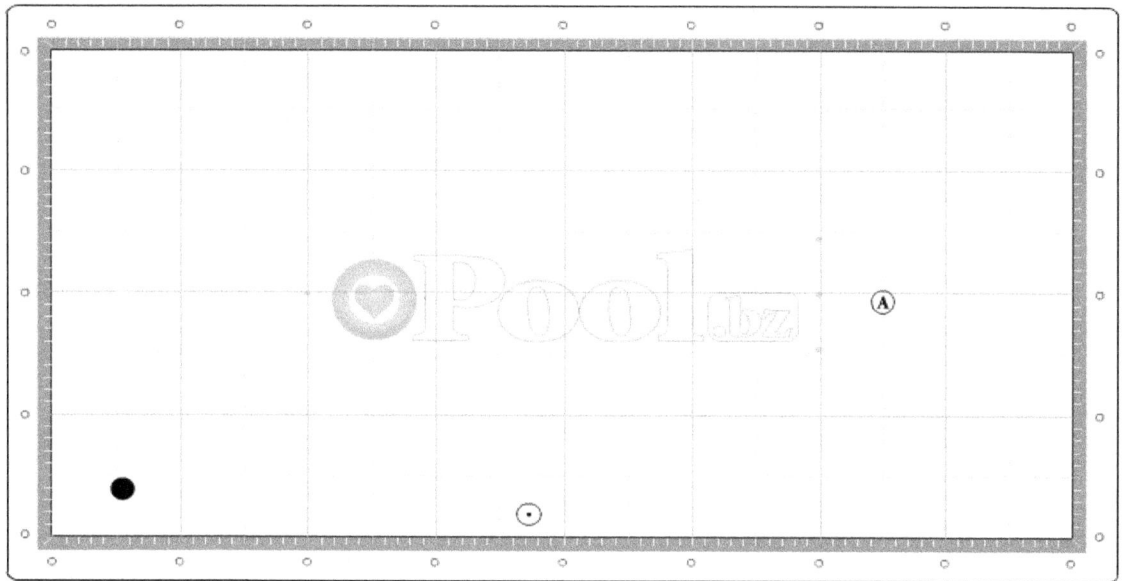

Note e idee:

Modello di colpo

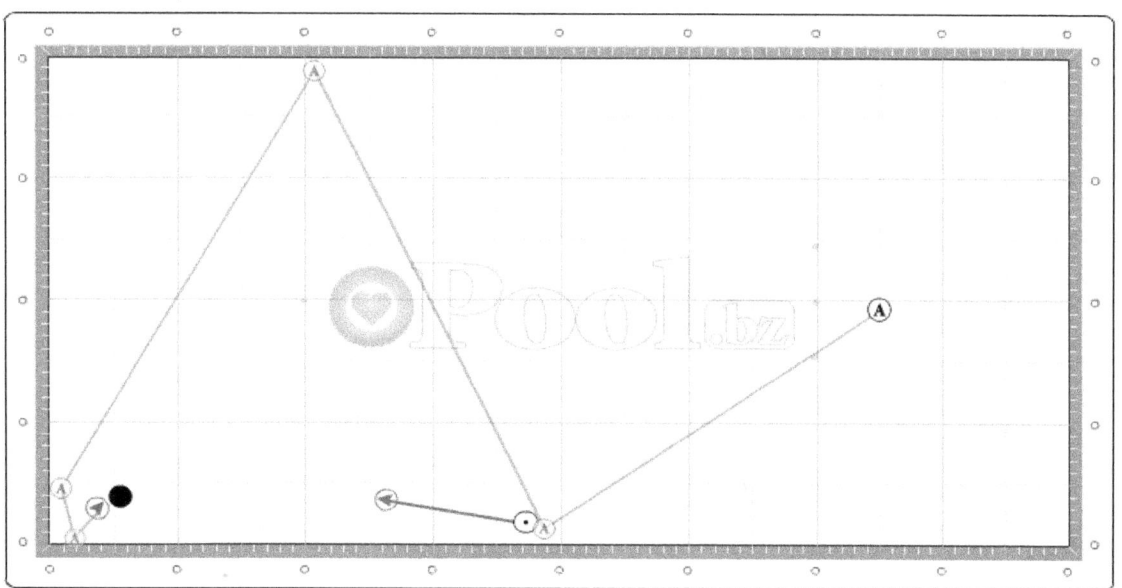

C:4d – Impostare

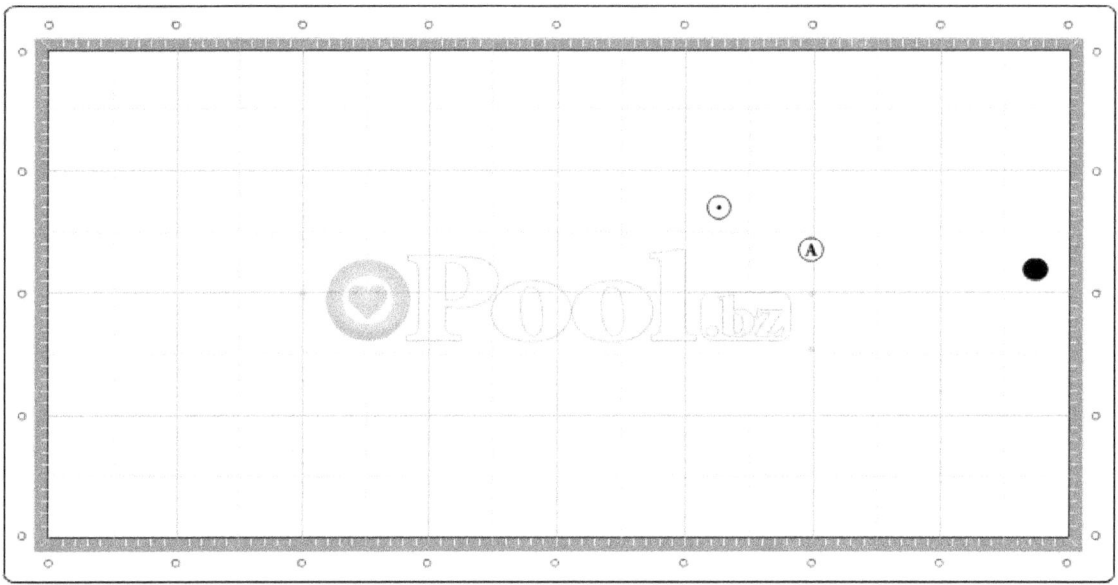

Note e idee:

Modello di colpo

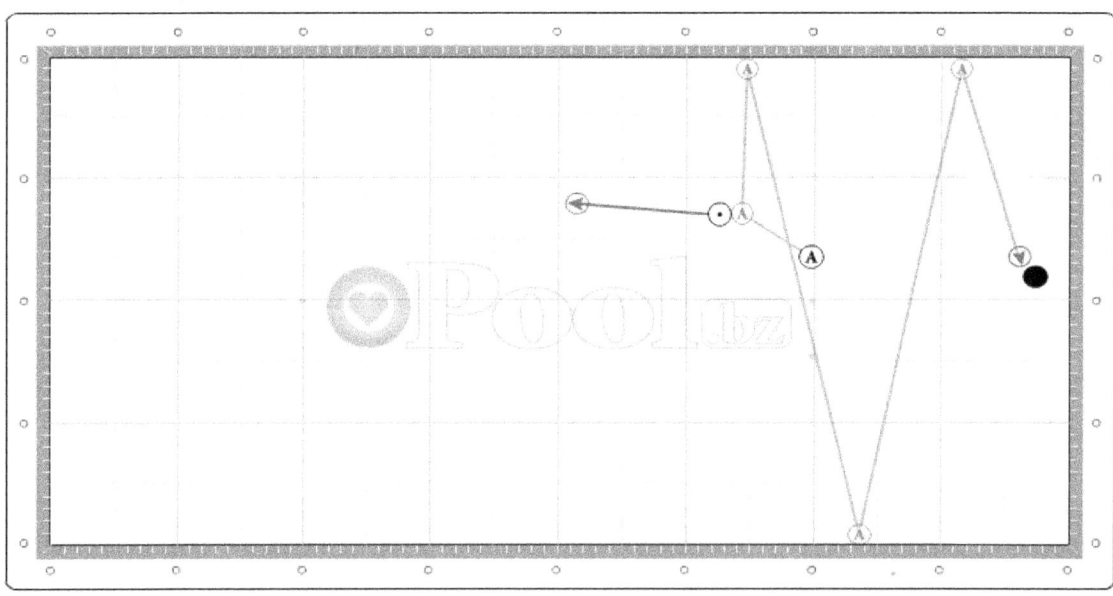

D: Zig-zag da 3/4 tavoli

Questi (CB) viaggiano per tre quarti del tavolo.

Ⓐ (CB) (la tua palla) - ⊙ (OB) (palla dell'avversario) - ● (OB) (palla rossa)

D: Gruppo 1

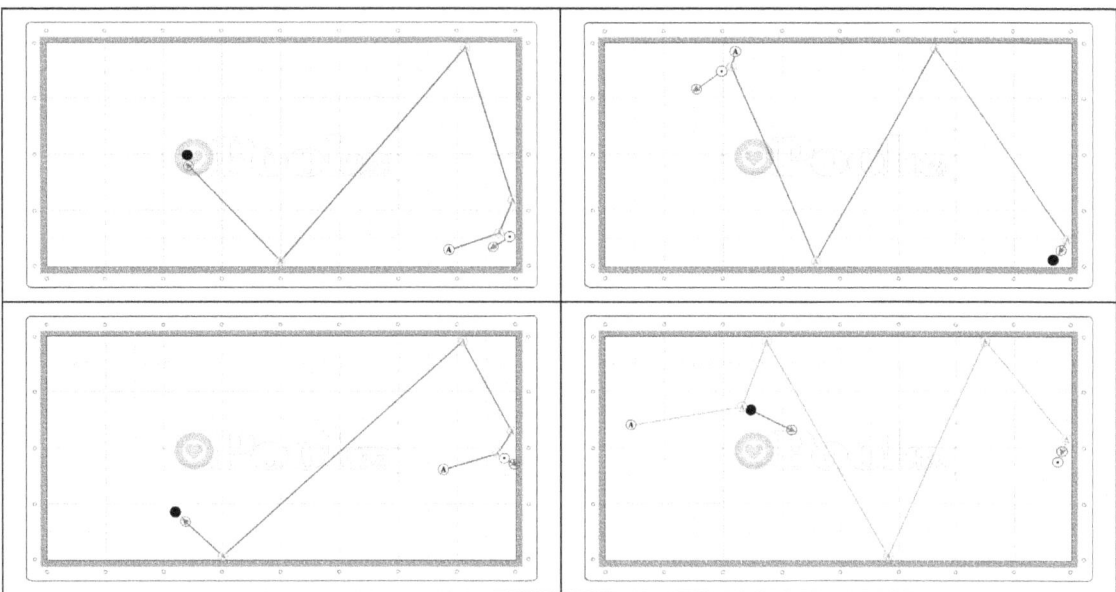

Analisi:

D:1a. _____

D:1b. _____

D:1c. _____

D:1d. _____

D:1a – Impostare

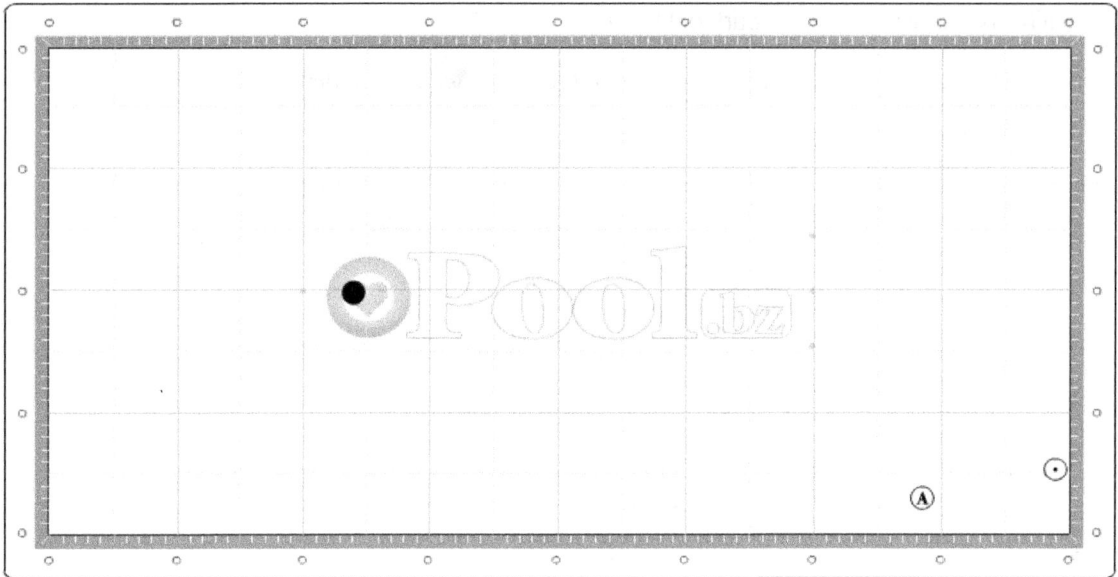

Note e idee:

Modello di colpo

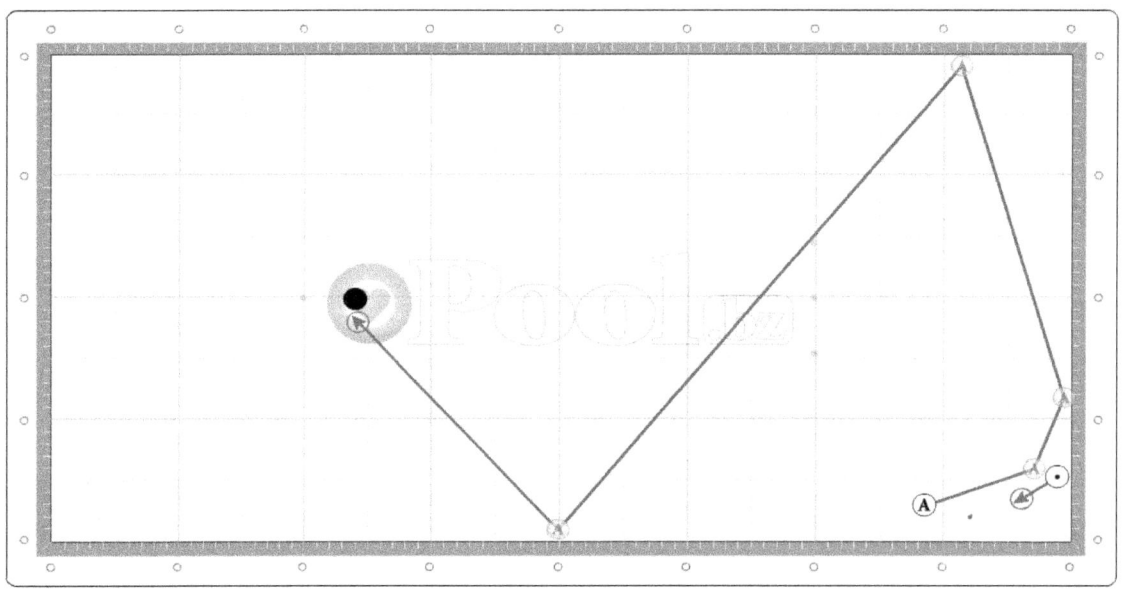

D:1b – Impostare

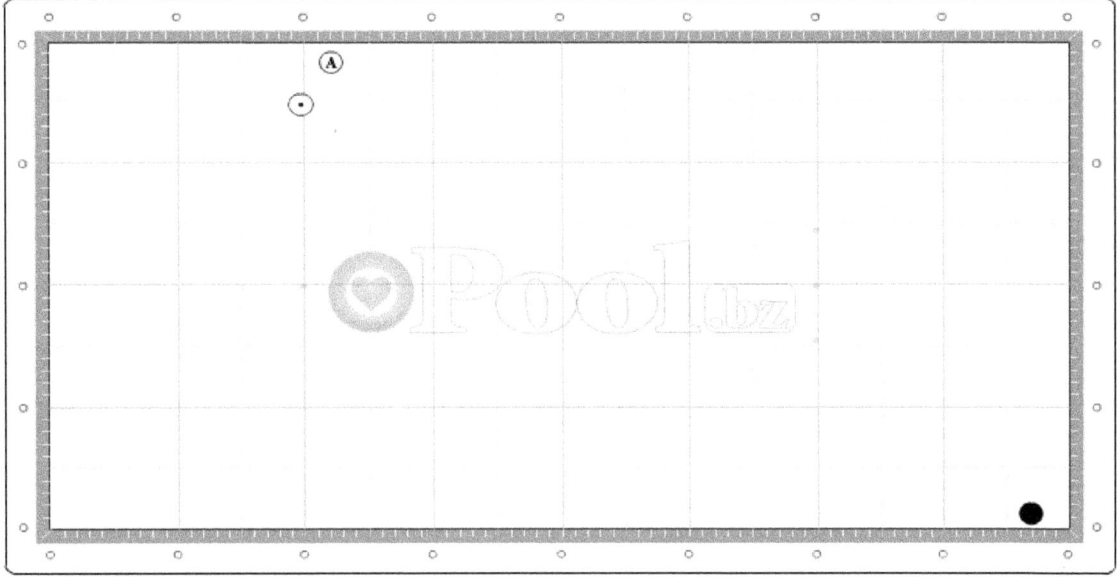

Note e idee:

Modello di colpo

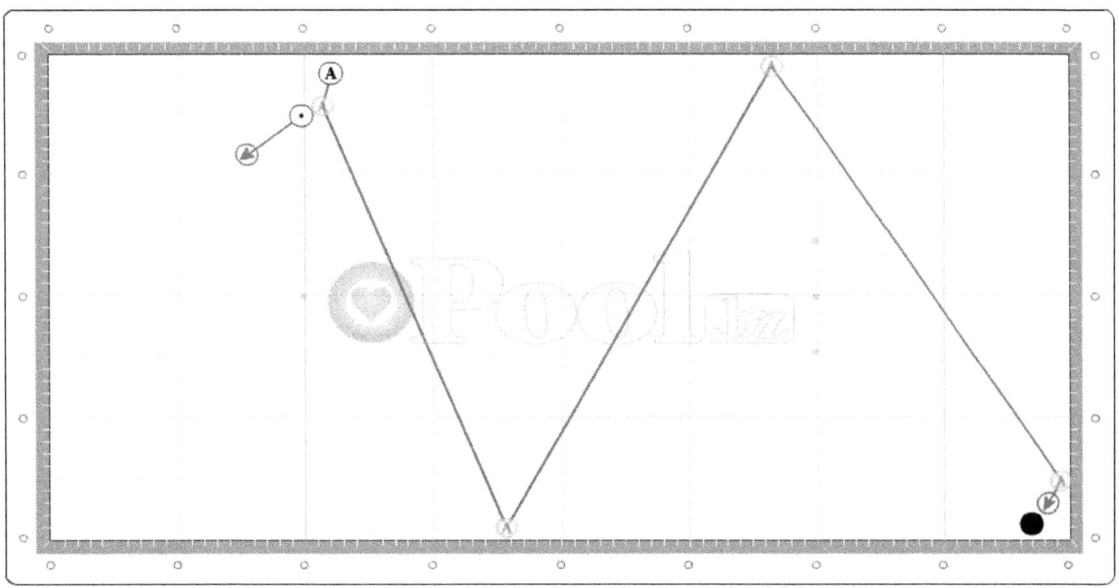

D:1c – Impostare

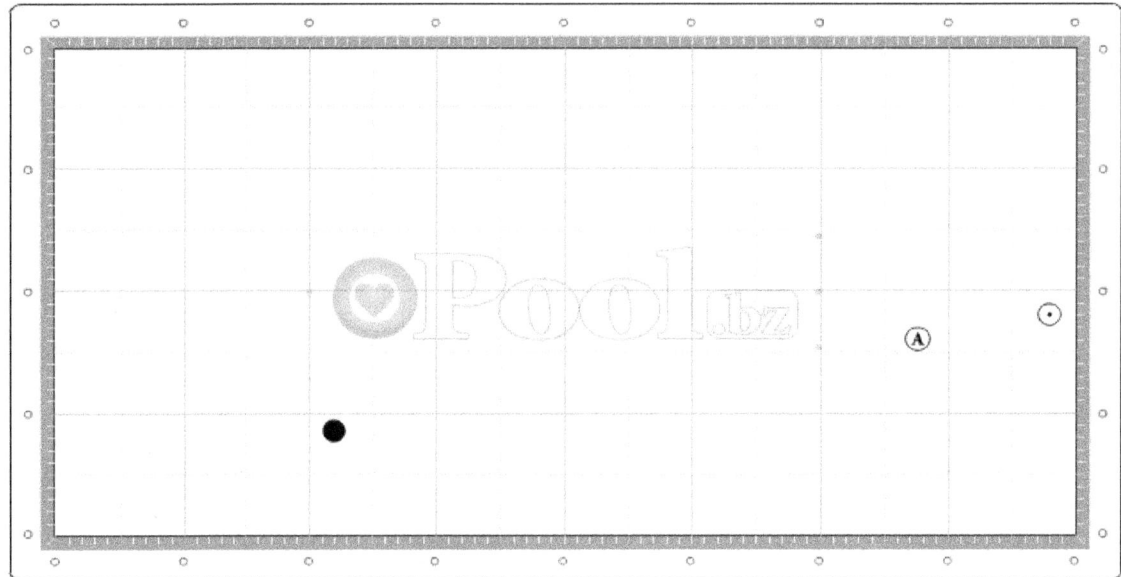

Note e idee:

Modello di colpo

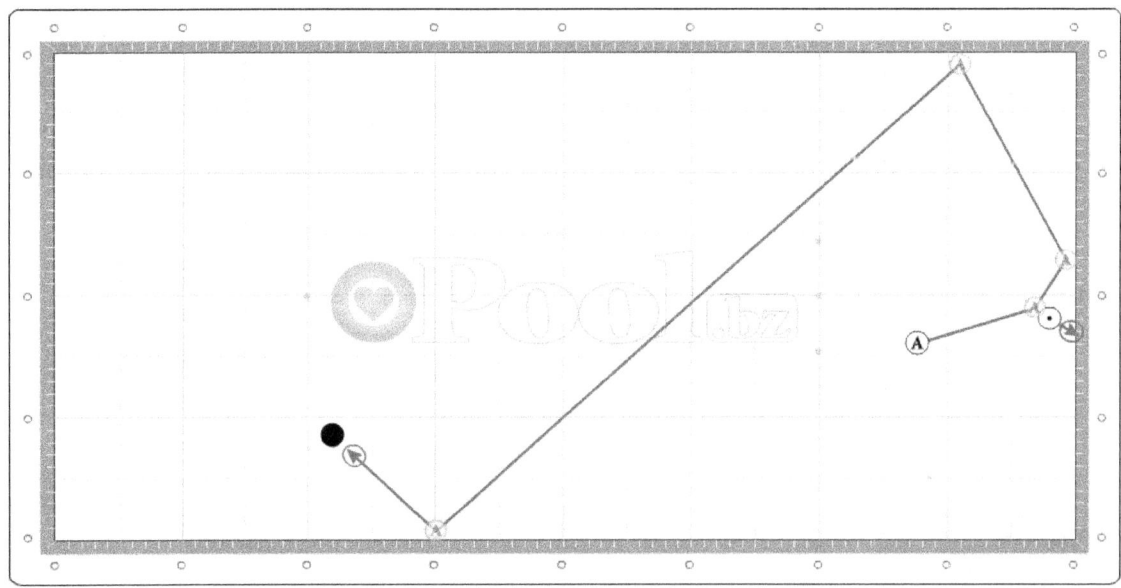

D:1d – Impostare

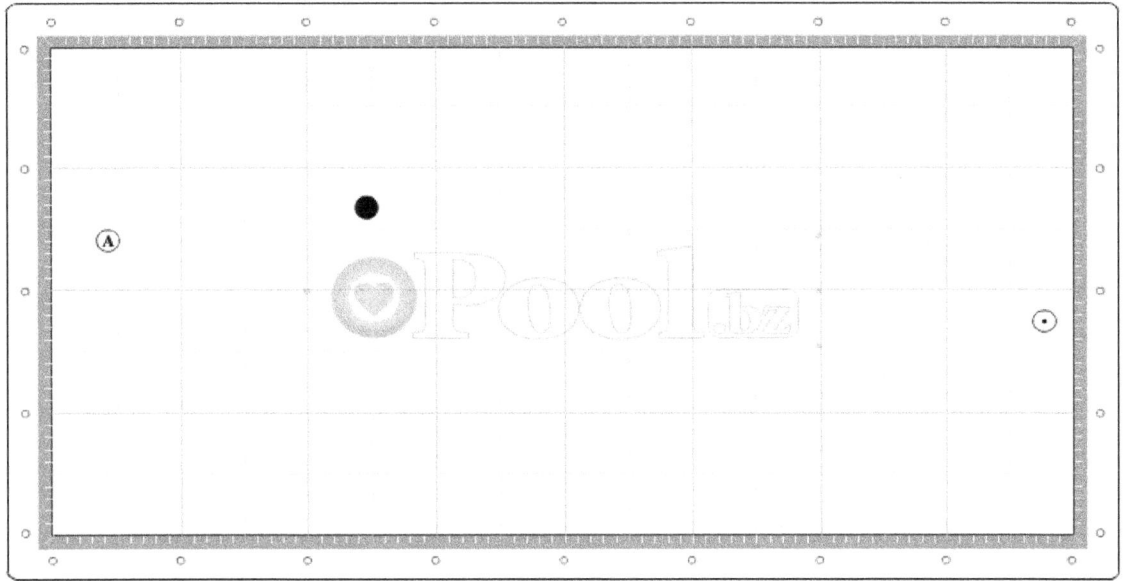

Note e idee:

Modello di colpo

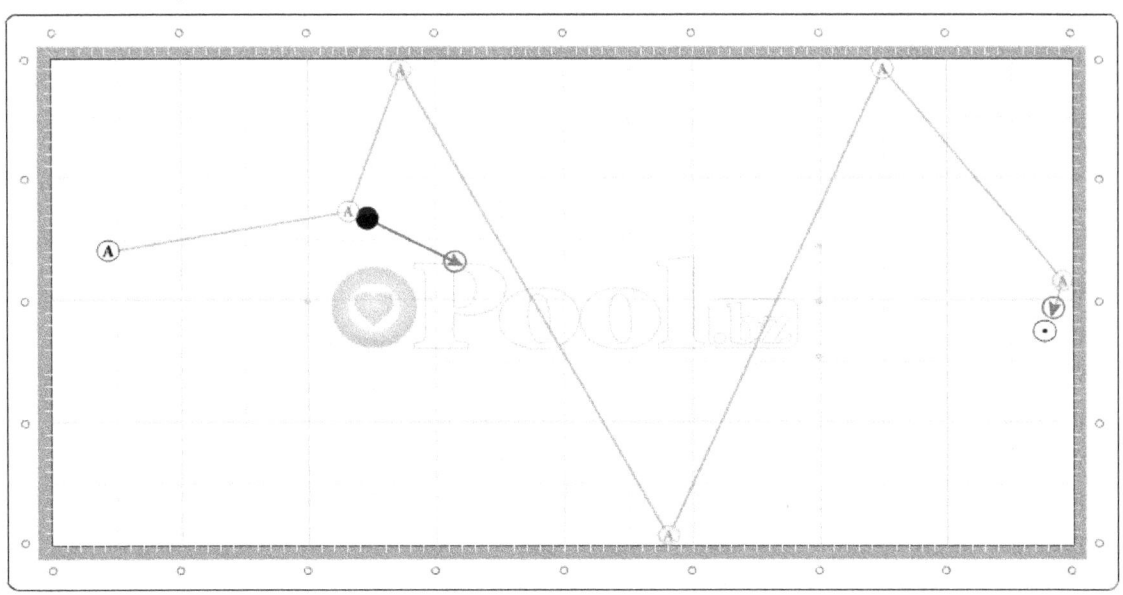

D: Gruppo 2

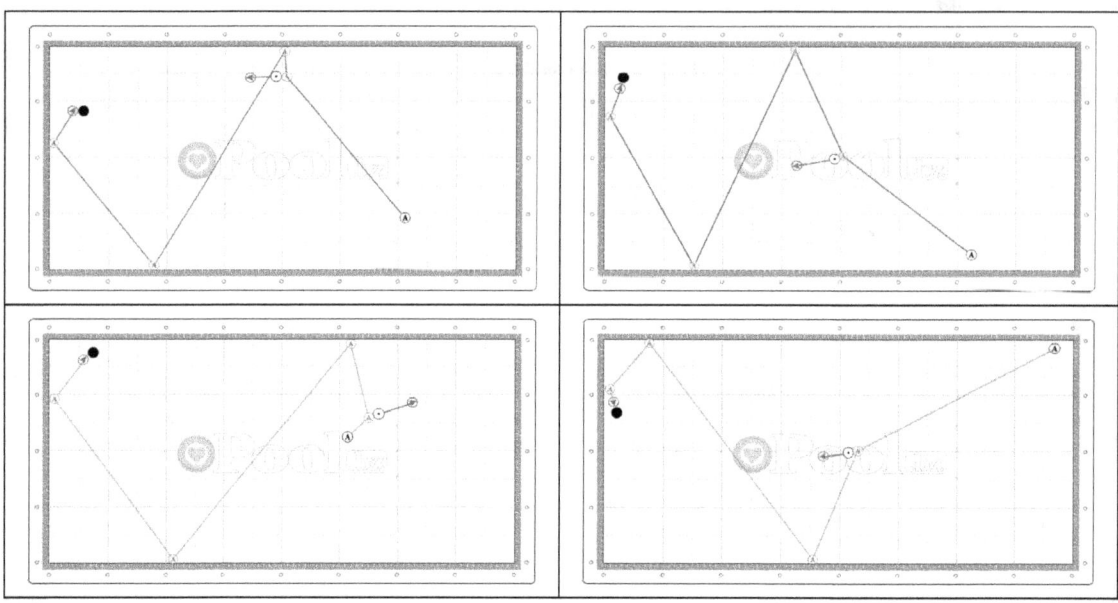

Analisi:

D:2a. _____

D:2b. _____

D:2c. _____

D:2d. _____

D:2a – Impostare

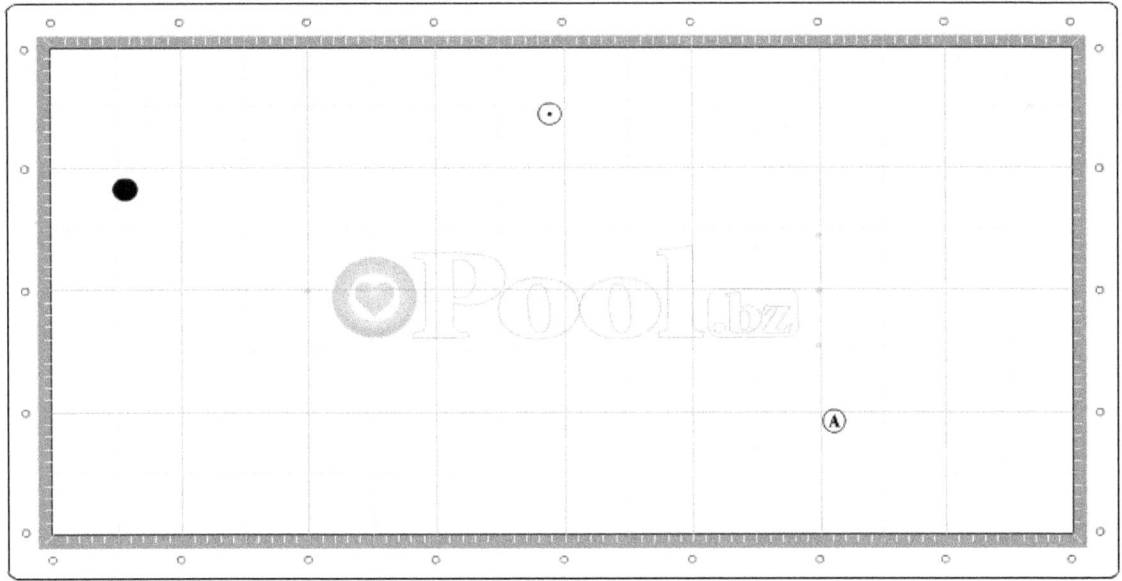

Note e idee:

Modello di colpo

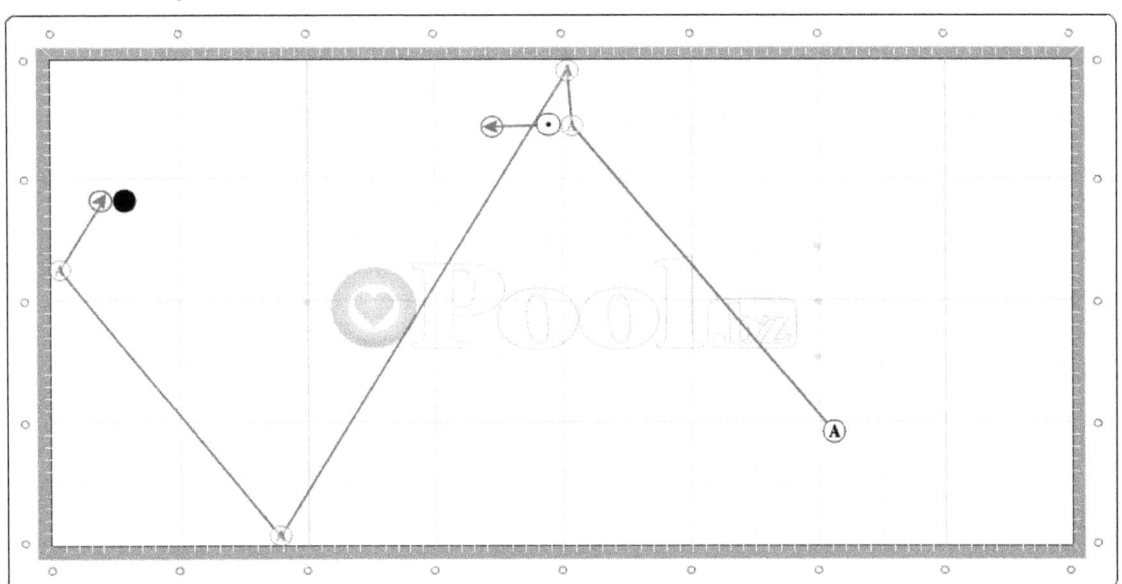

D:2b – Impostare

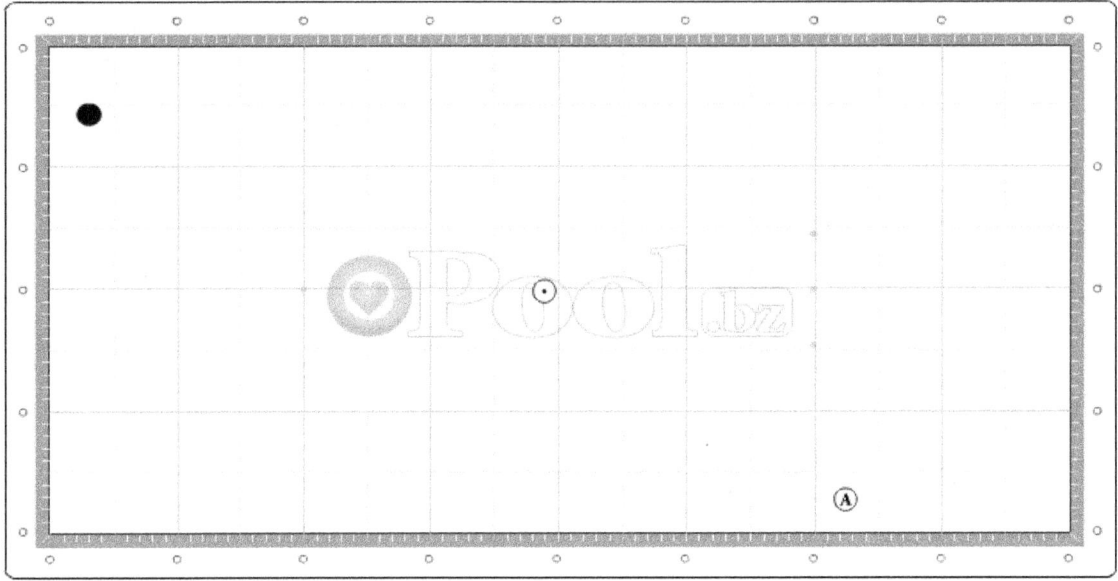

Note e idee:

Modello di colpo

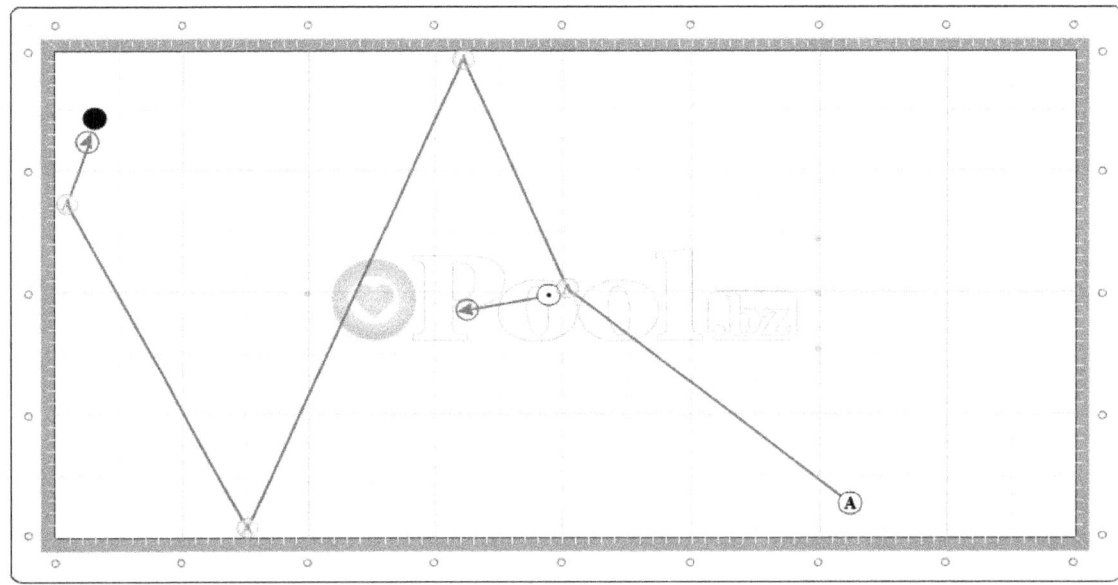

D:2c – Impostare

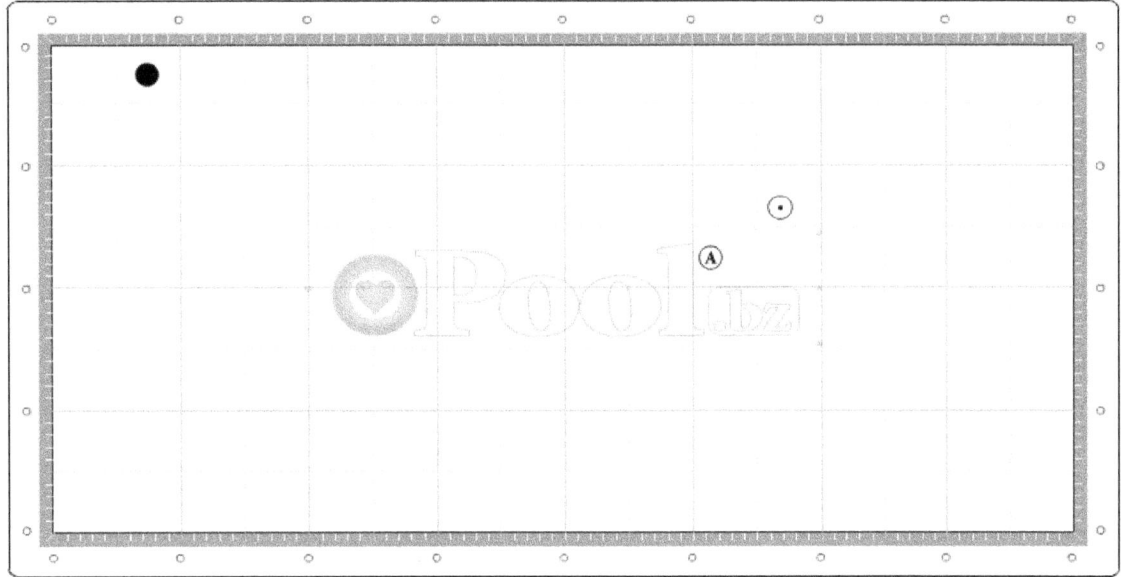

Note e idee:

Modello di colpo

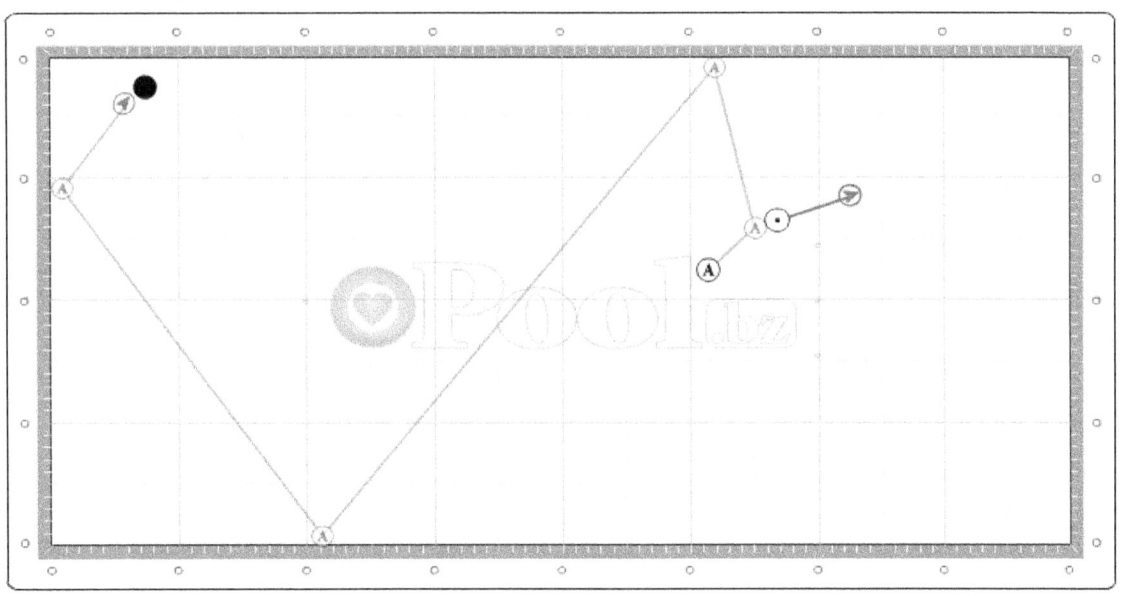

D:2d – Impostare

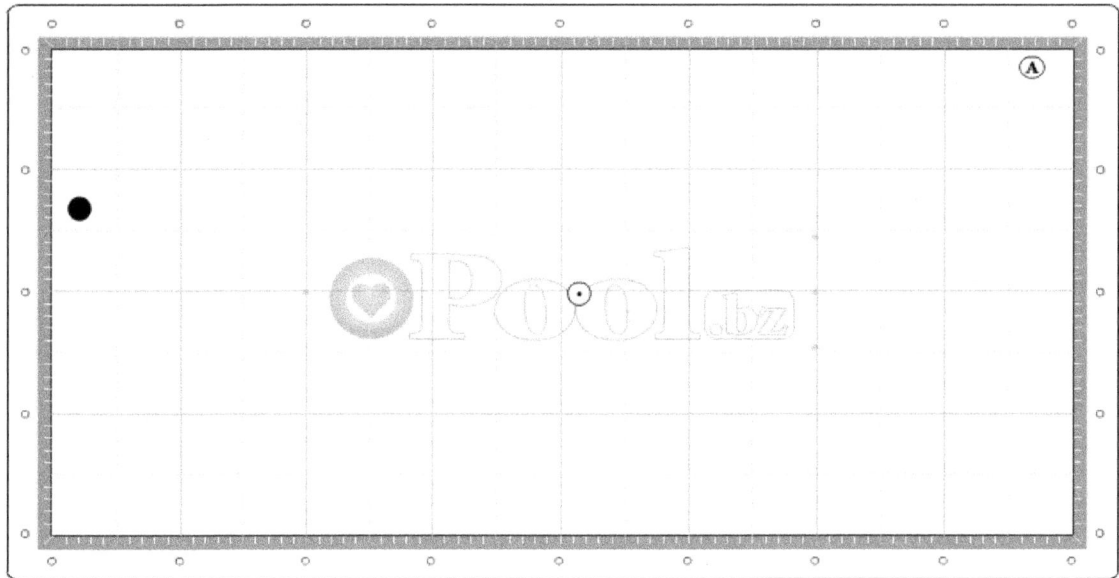

Note e idee:

Modello di colpo

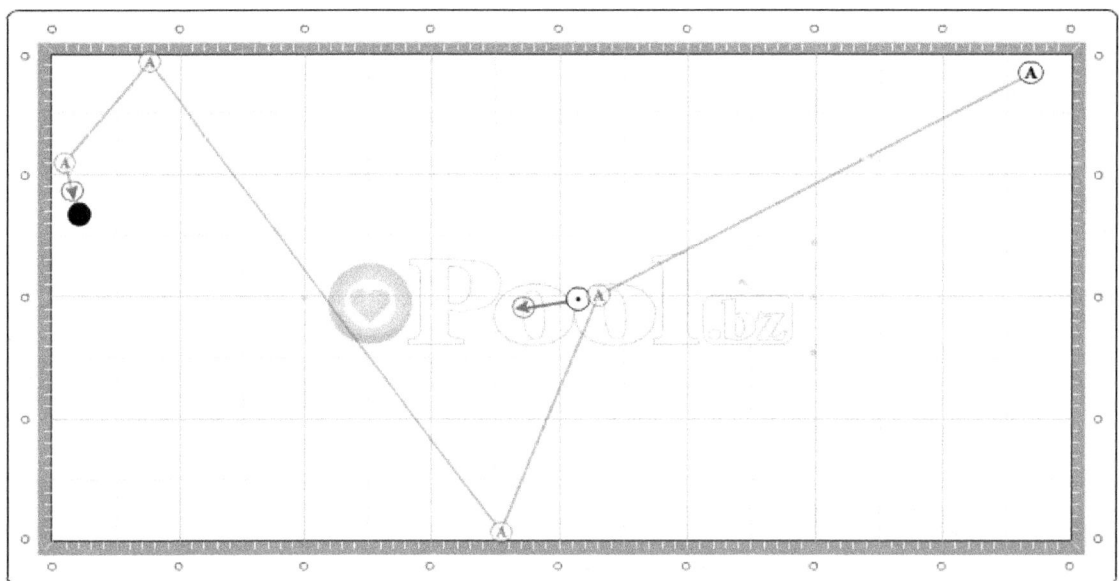

D: Gruppo 3

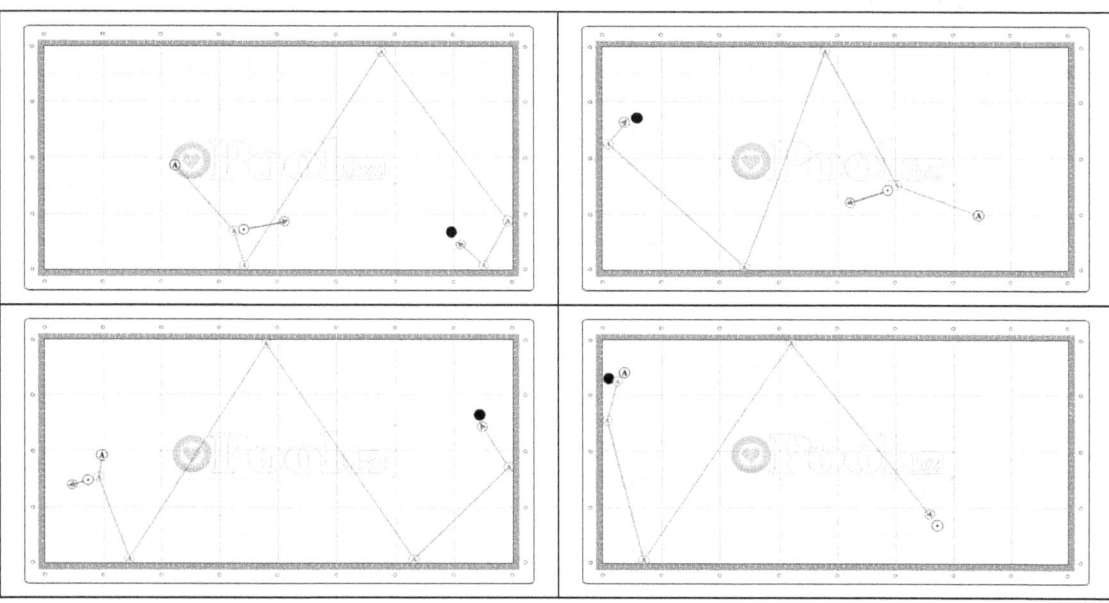

Analisi:

D:3a. _____

D:3b. _____

D:3c. _____

D:3d. _____

D:3a – Impostare

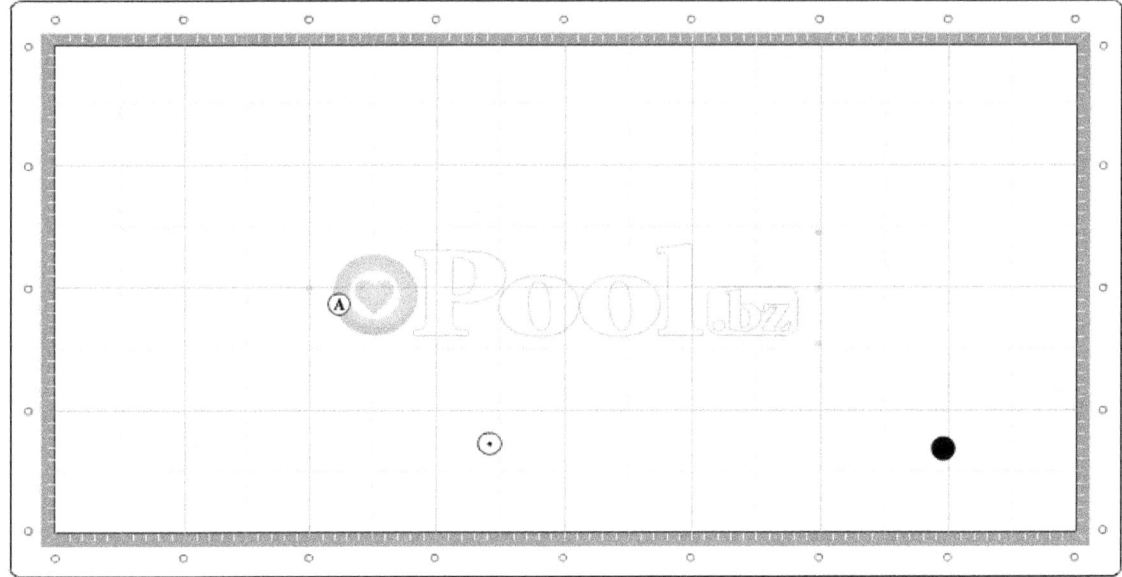

Note e idee:

Modello di colpo

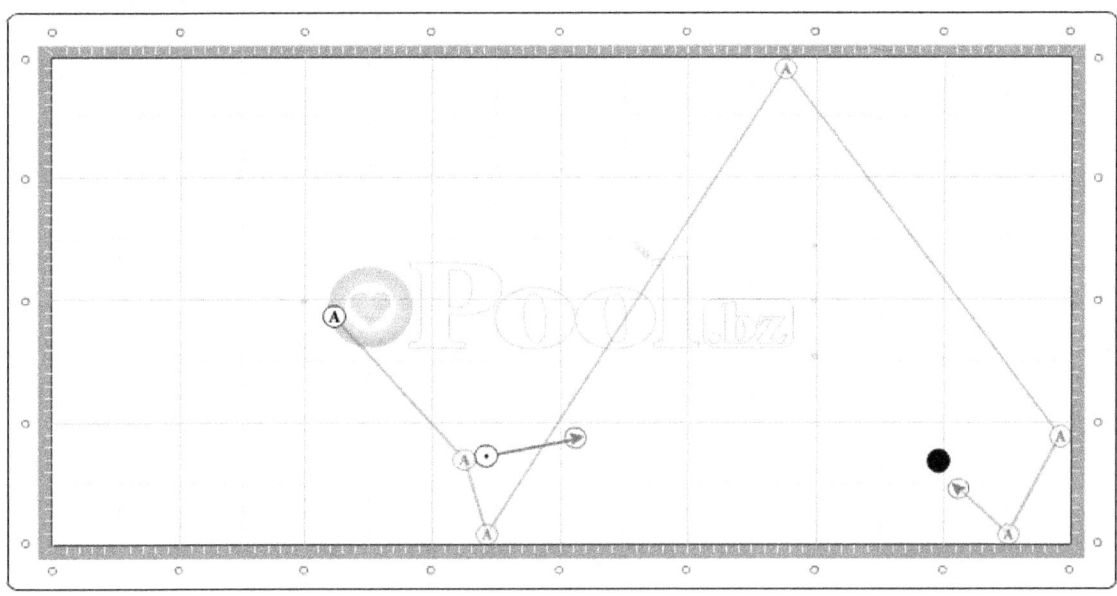

D:3b – Impostare

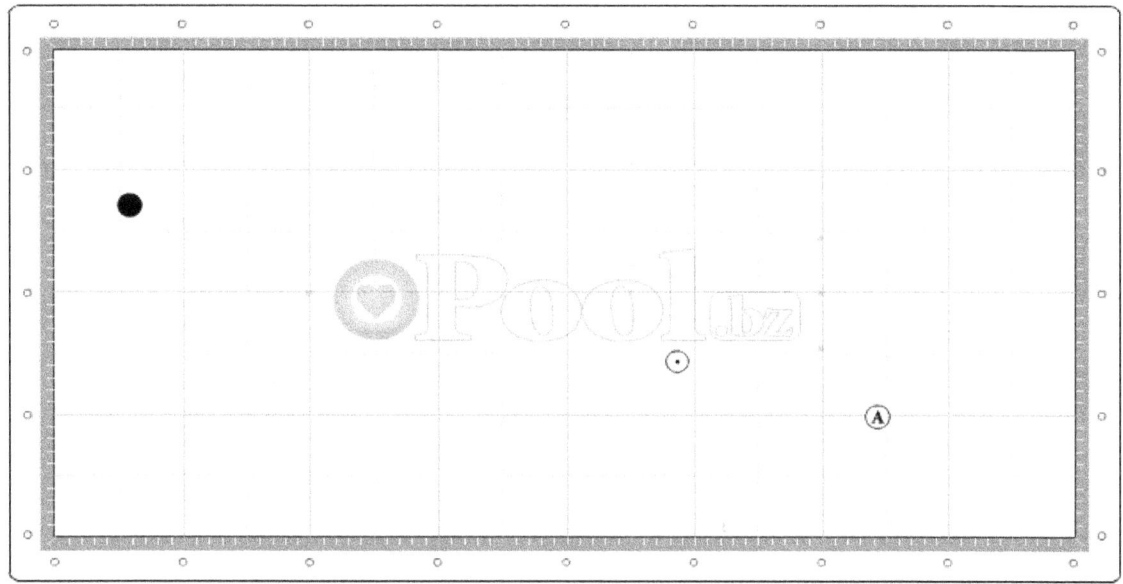

Note e idee:

Modello di colpo

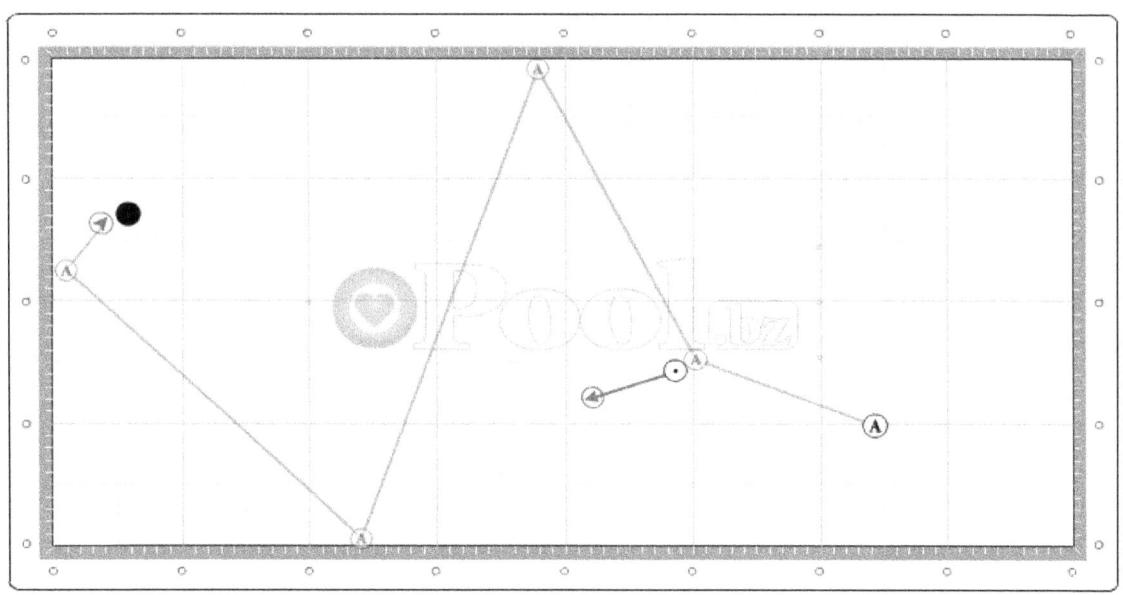

D:3c – Impostare

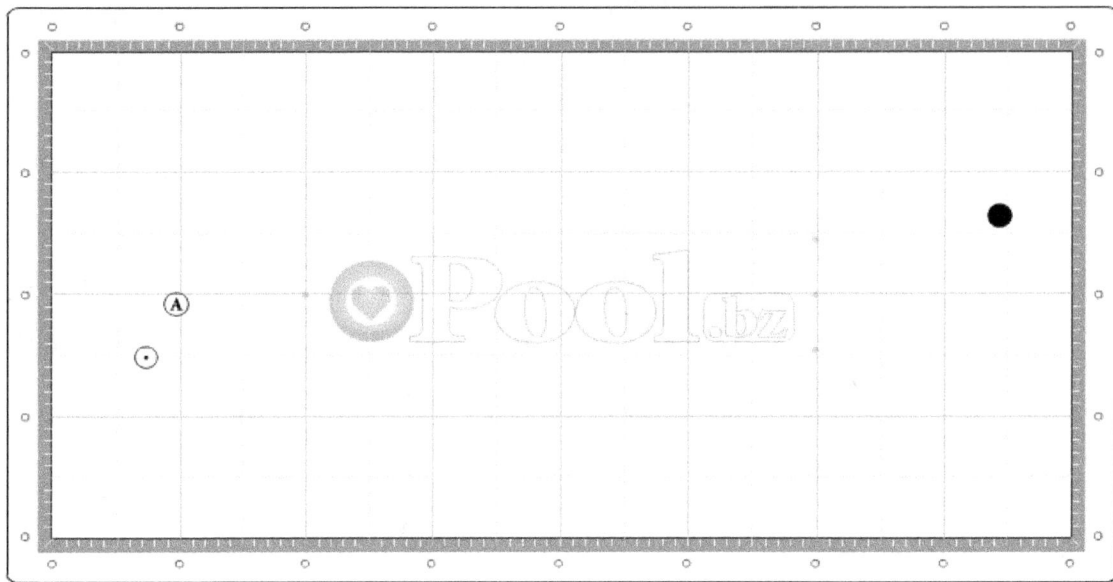

Note e idee:

Modello di colpo

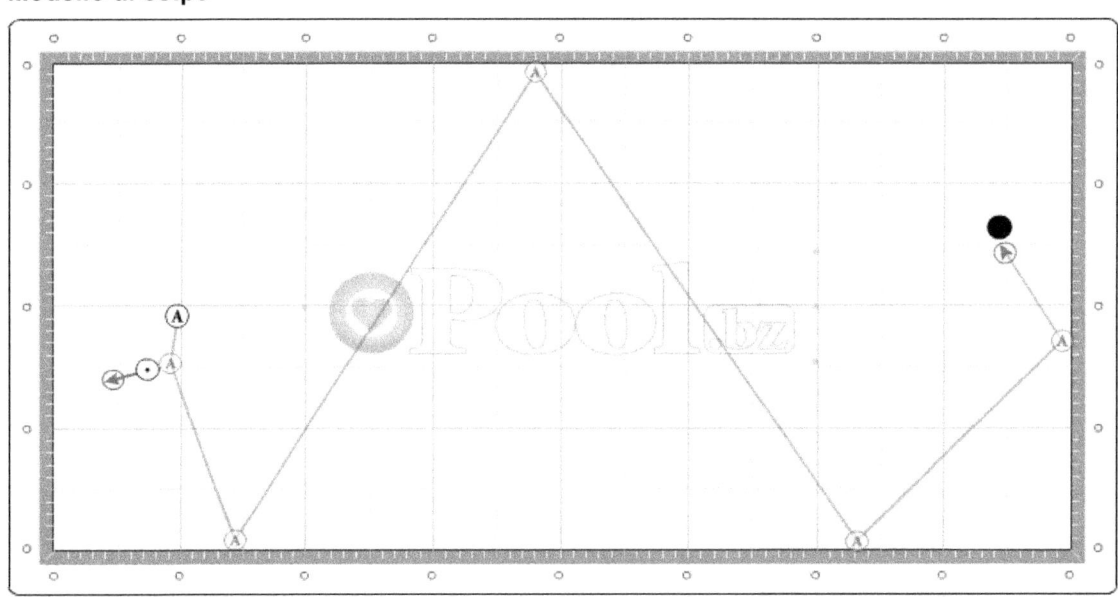

D:3d – Impostare

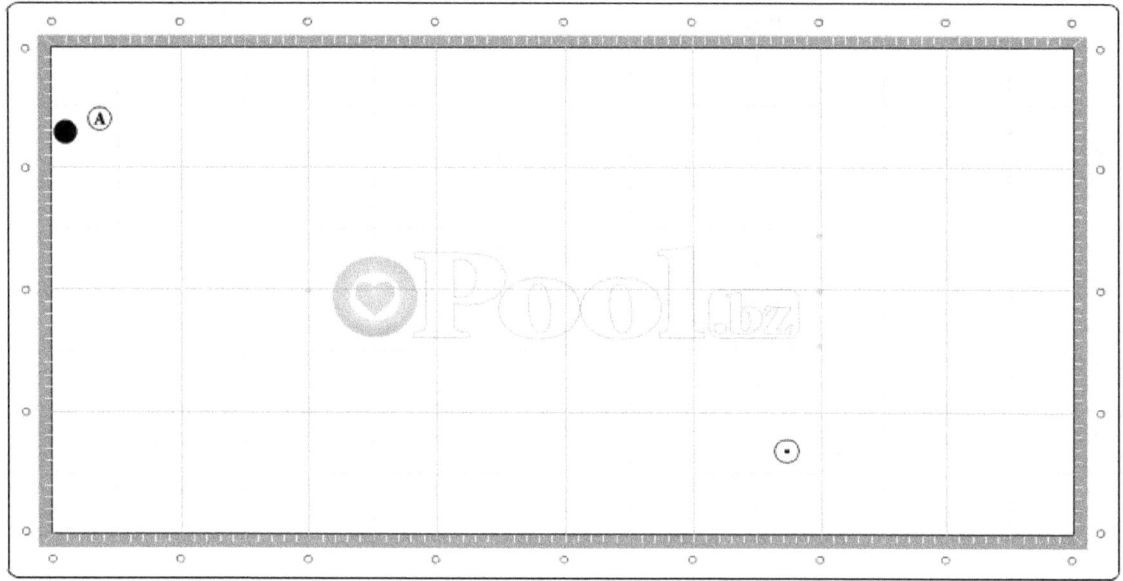

Note e idee:

Modello di colpo

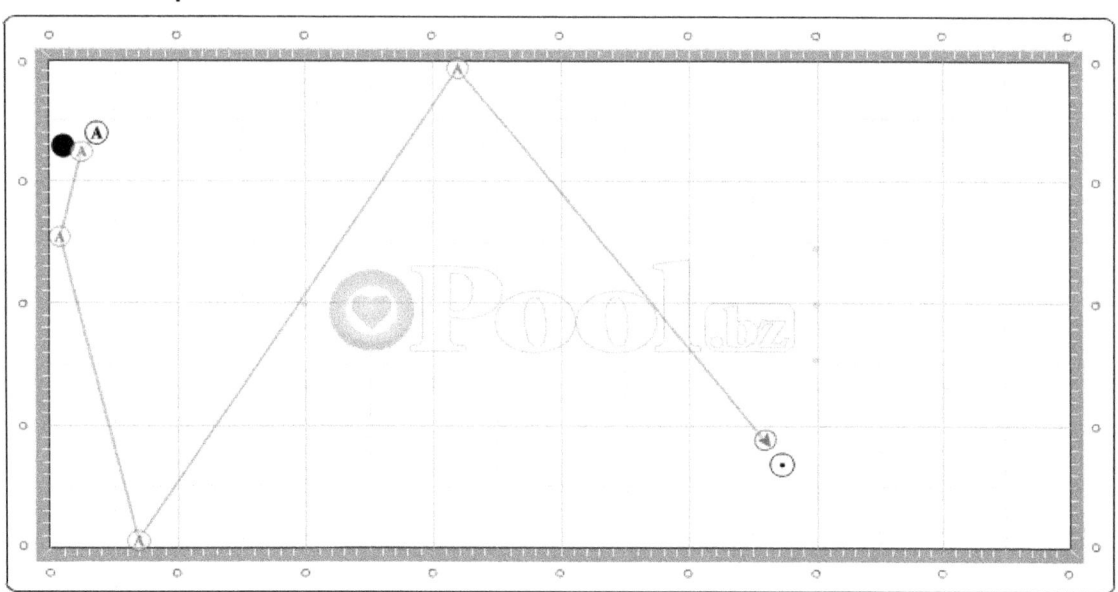

E: Tavolo pieno a zig-zag

Il (CB) contatta entrambi i sponde lunghi mentre percorre l'intera lunghezza del tavolo.

Ⓐ (CB) (la tua palla) - ◉ (OB) (palla dell'avversario) - ● (OB) (palla rossa)

E: Gruppo 1

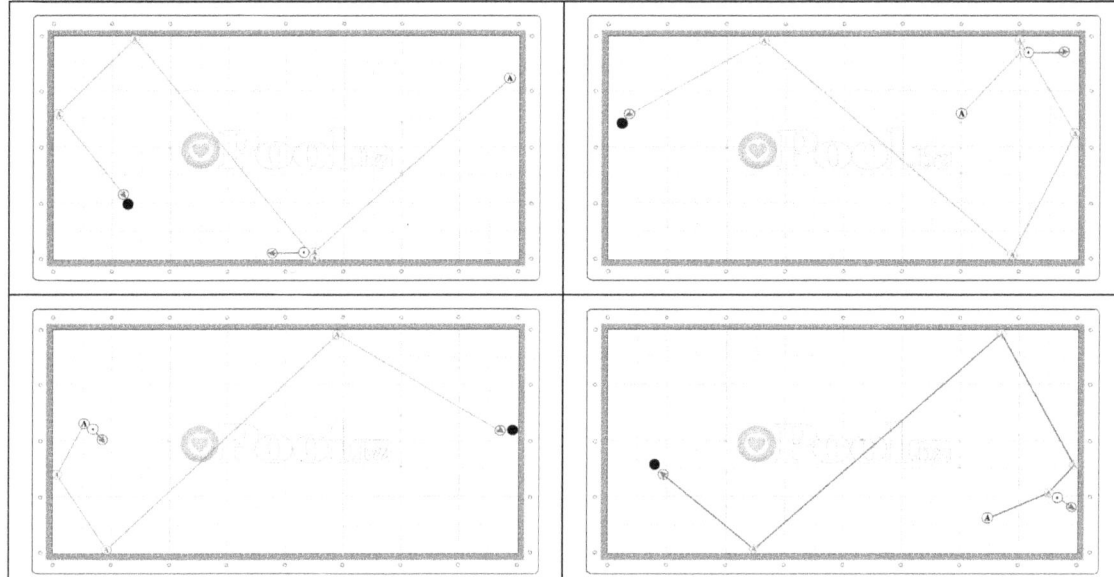

Analisi:

E:1a. _____

E:1b. _____

E:1c. _____

E:1d. _____

E:1a – Impostare

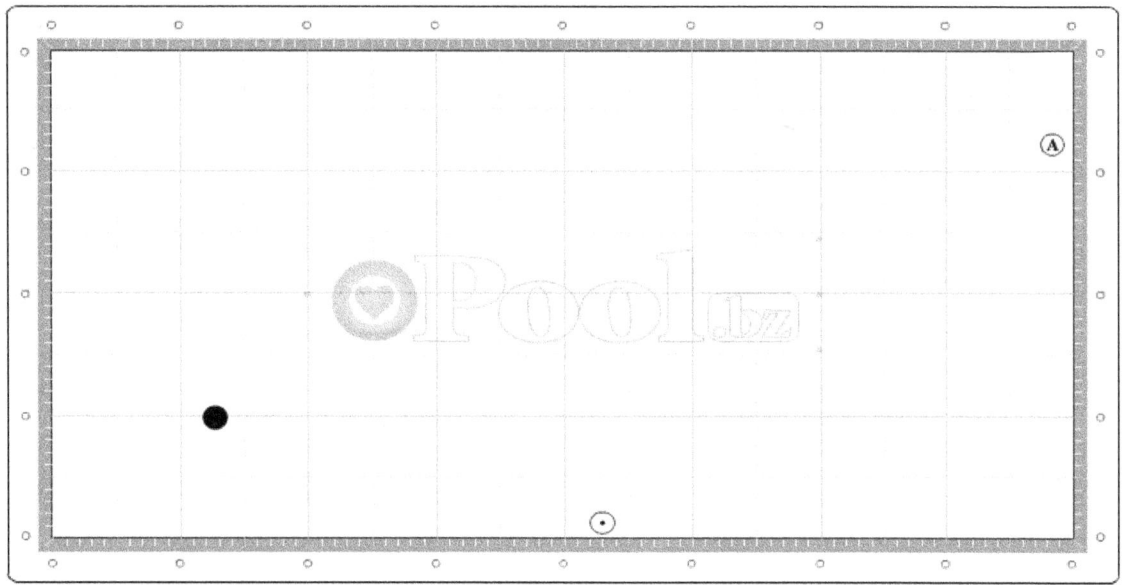

Note e idee:

Modello di colpo

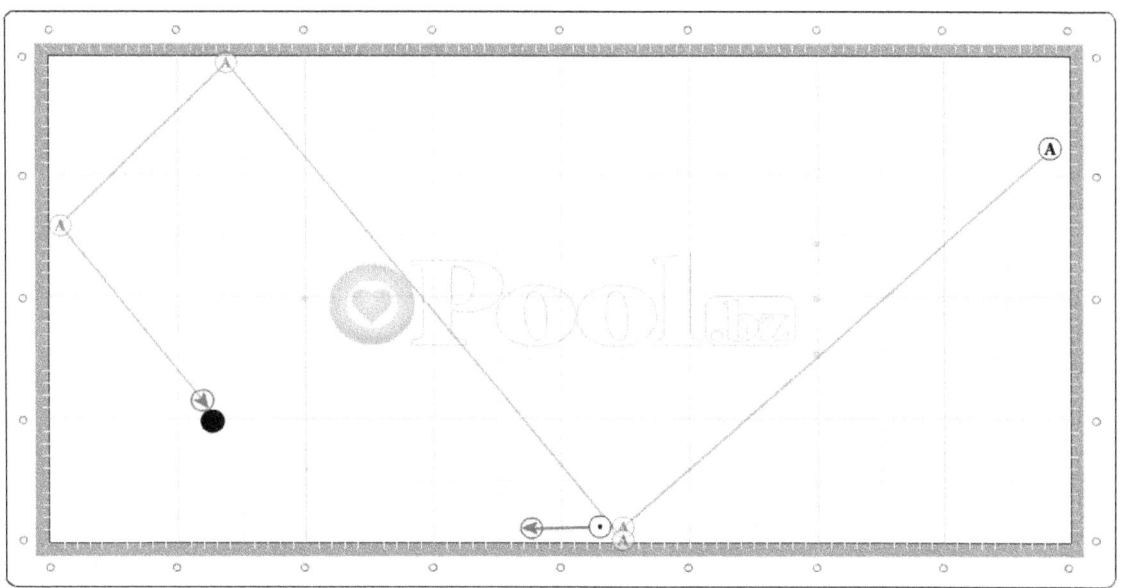

E:1b – Impostare

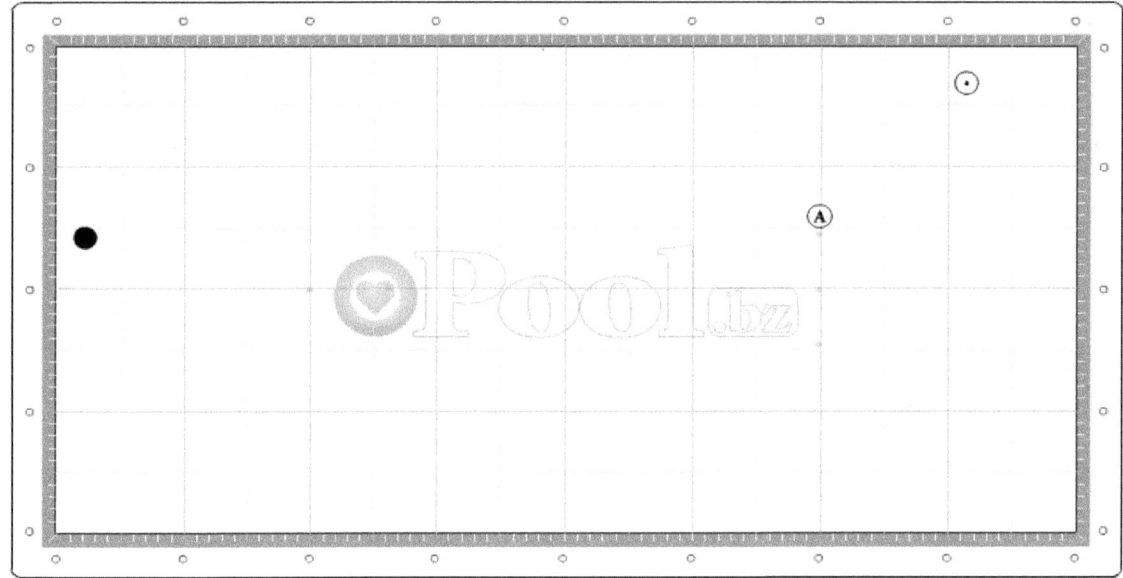

Note e idee:

Modello di colpo

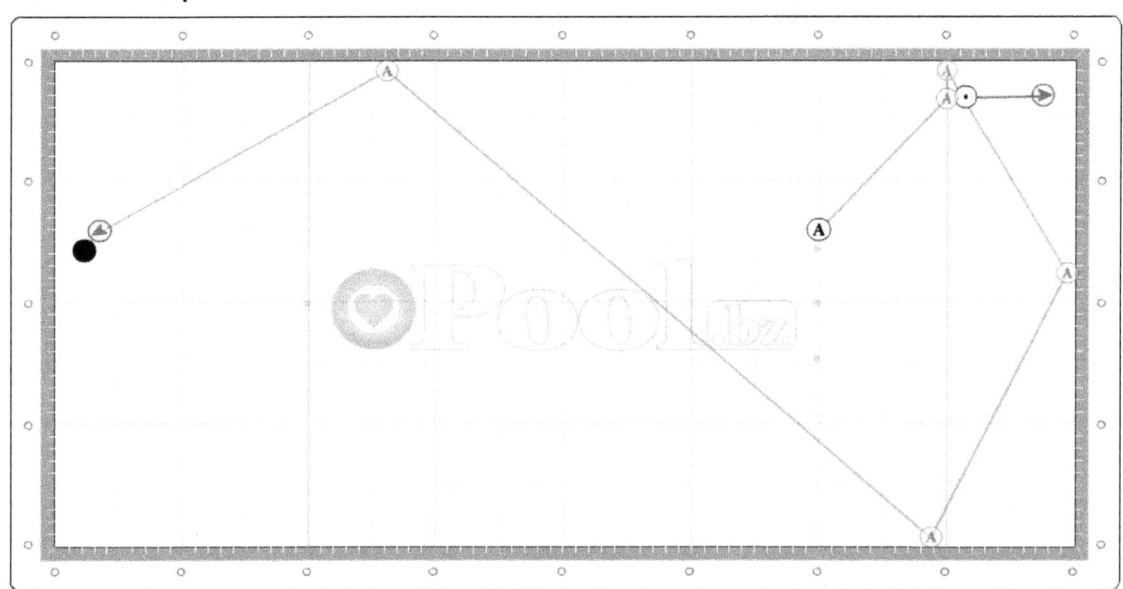

E:1c – Impostare

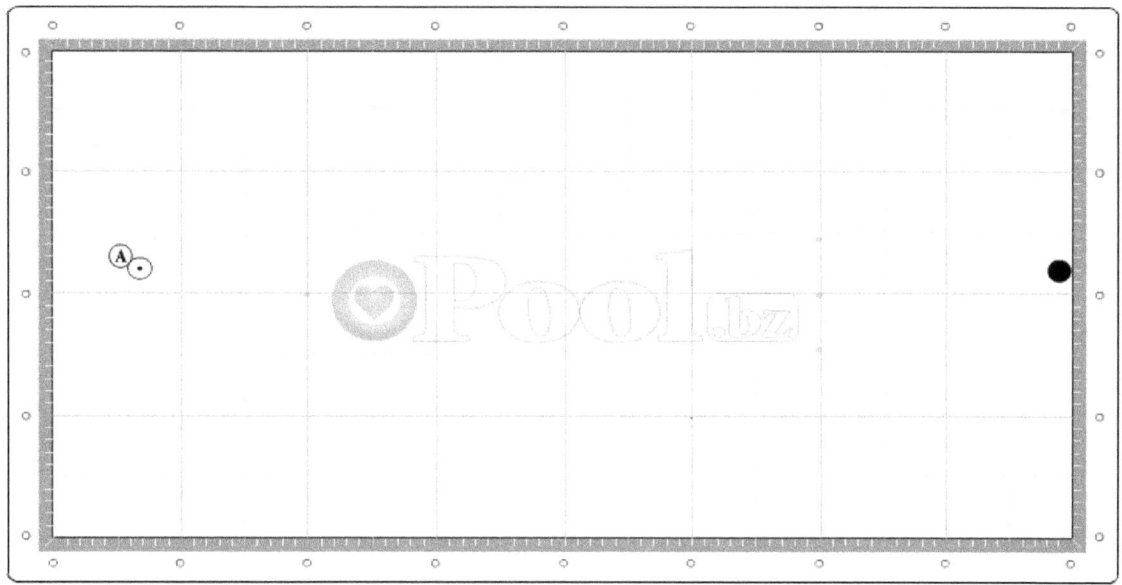

Note e idee:

Modello di colpo

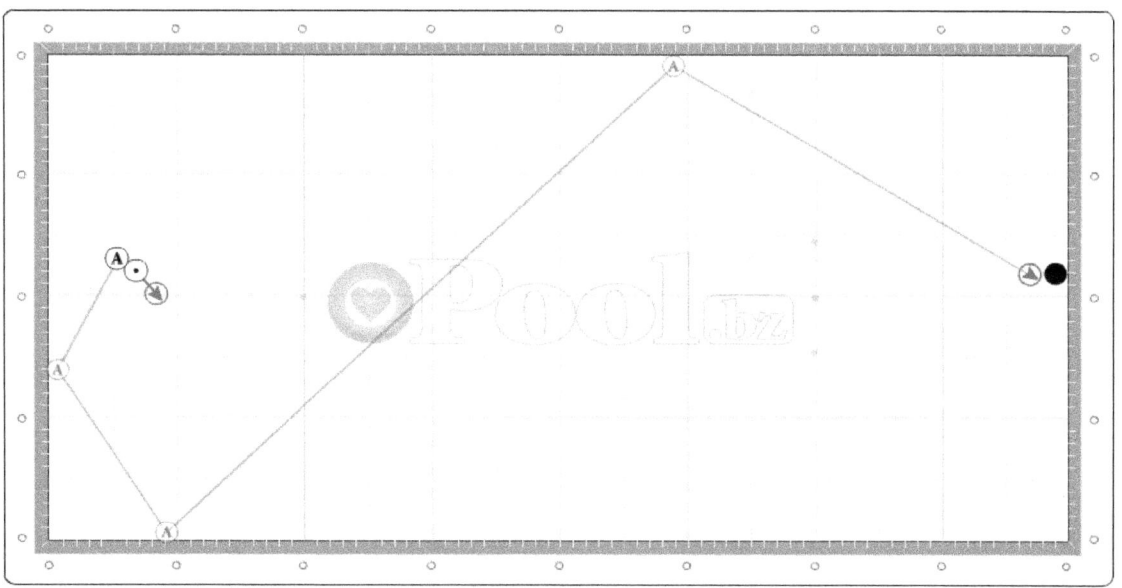

E:1d – Impostare

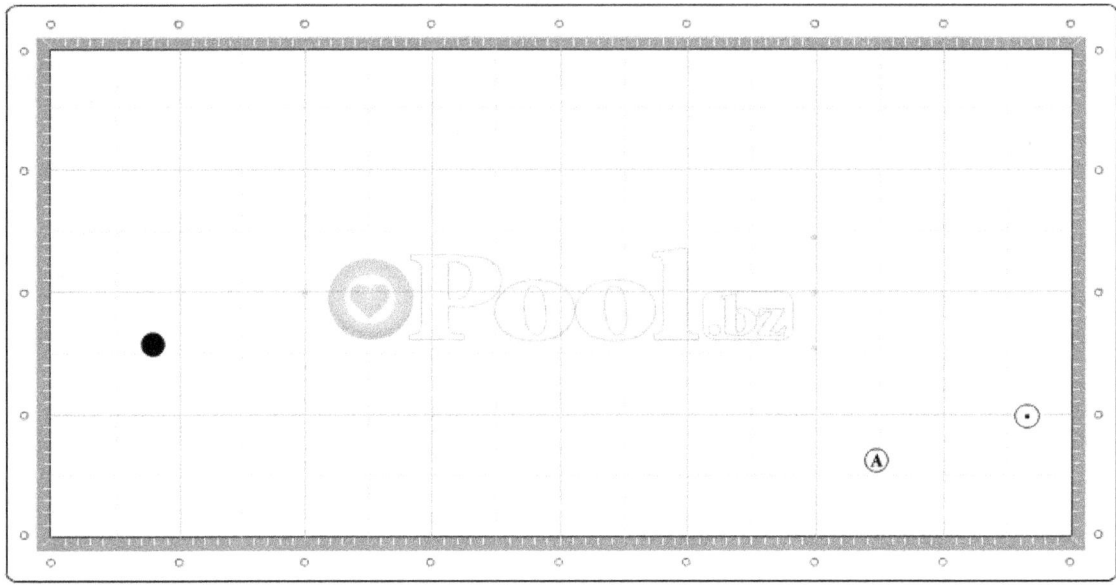

Note e idee:

Modello di colpo

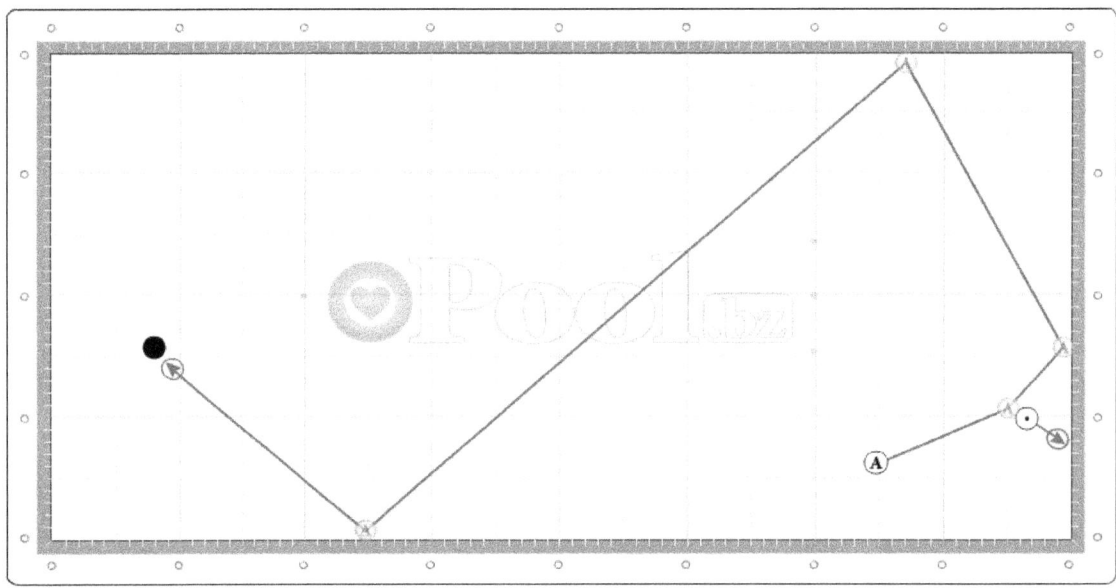

E: Gruppo 2

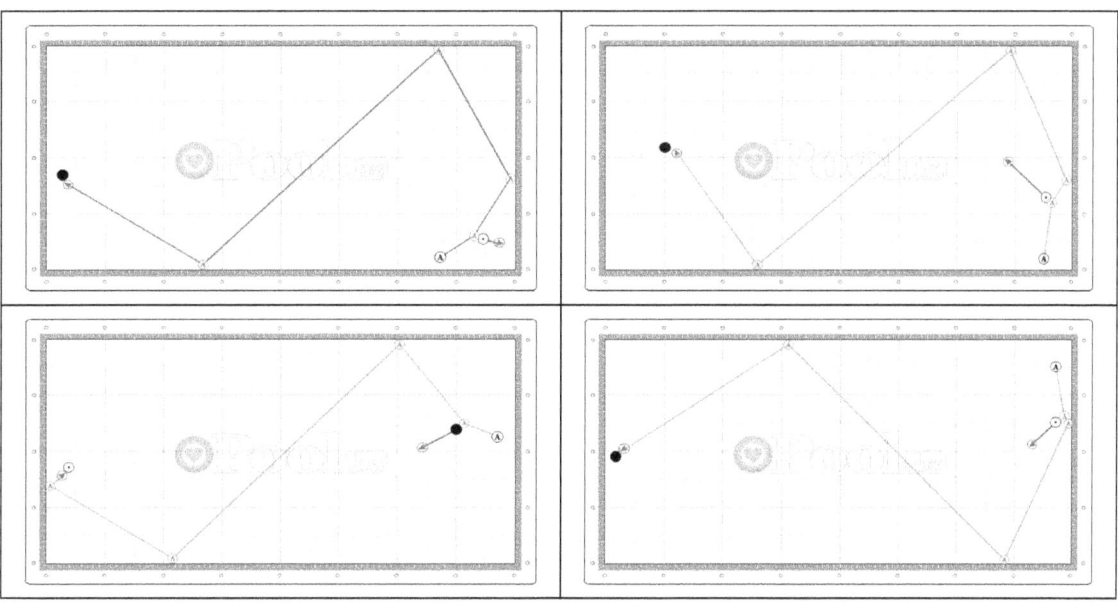

Analisi:

E:2a. _____

E:2b. _____

E:2c. _____

E:2d. _____

E:2a – Impostare

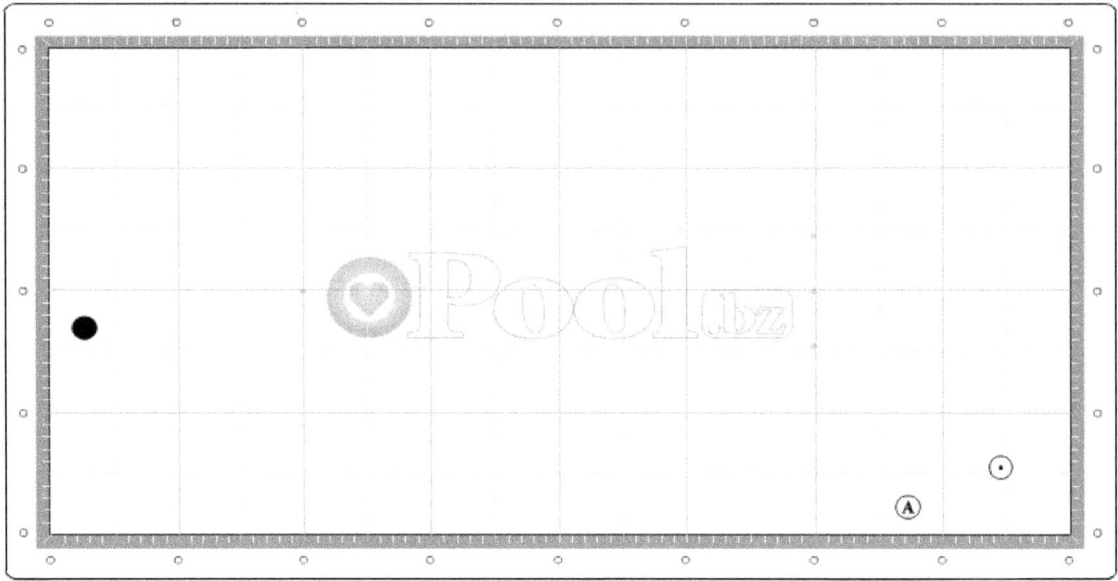

Note e idee:

Modello di colpo

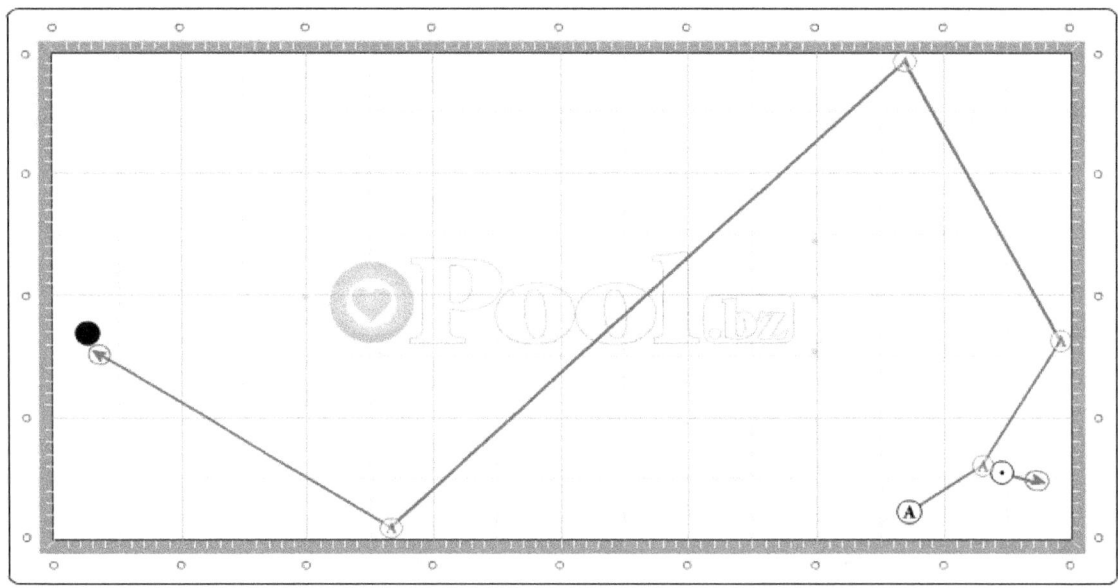

E:2b – Impostare

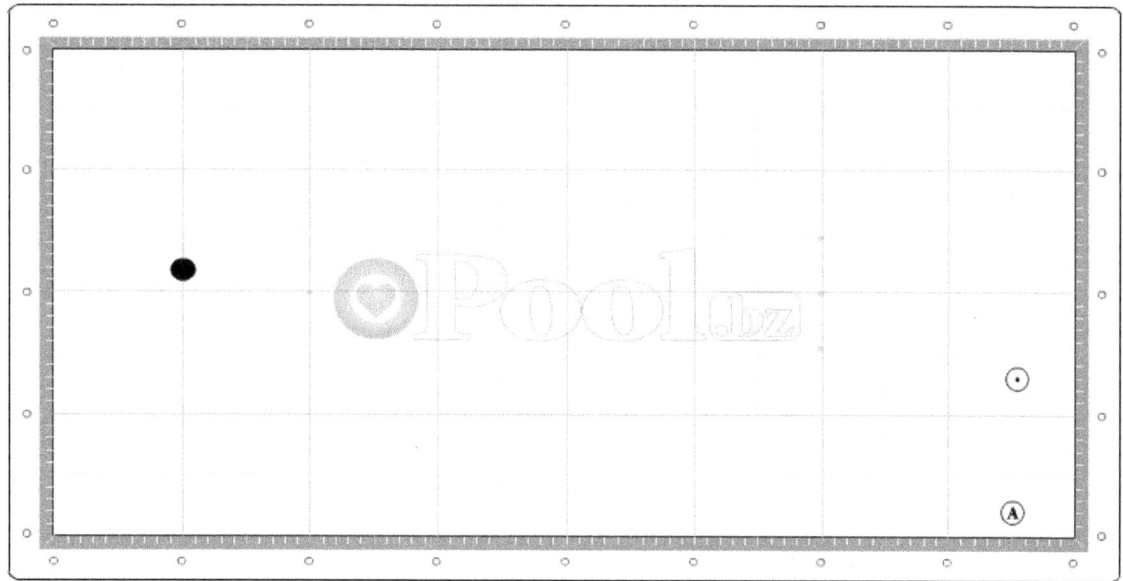

Note e idee:

Modello di colpo

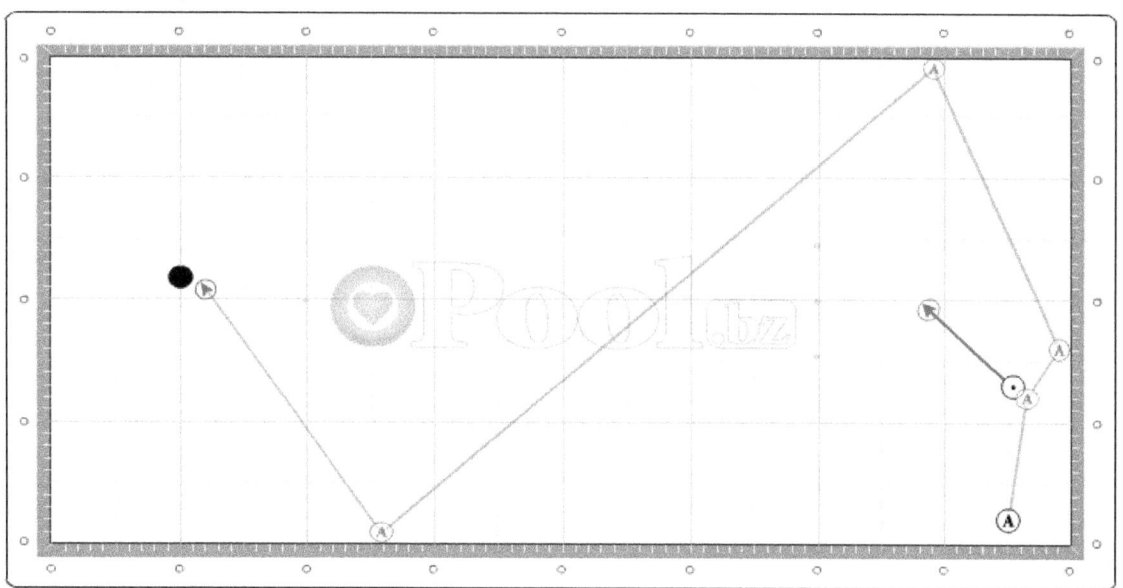

E:2c – Impostare

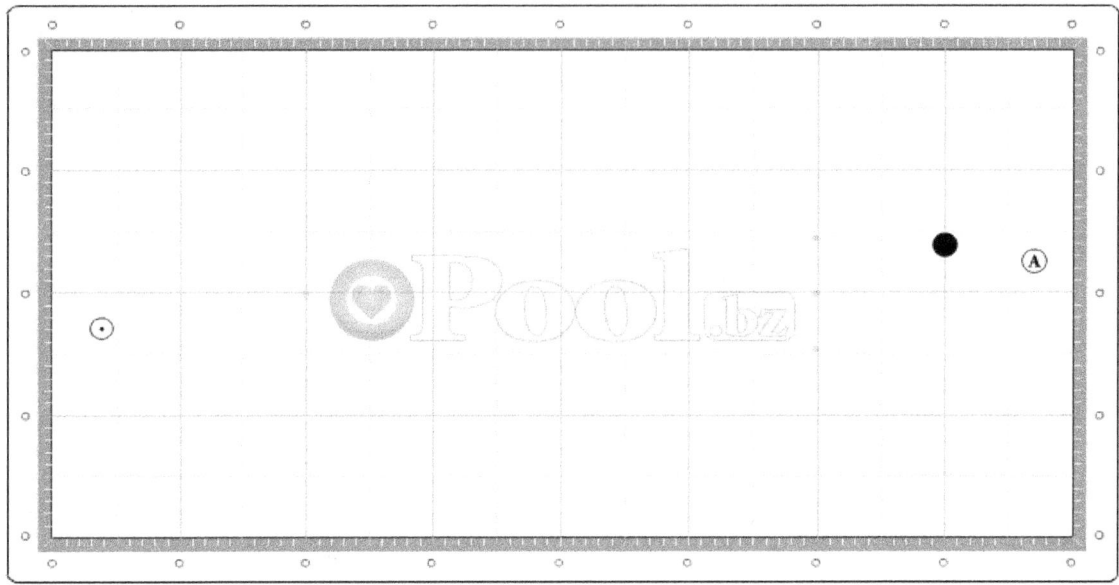

Note e idee:

Modello di colpo

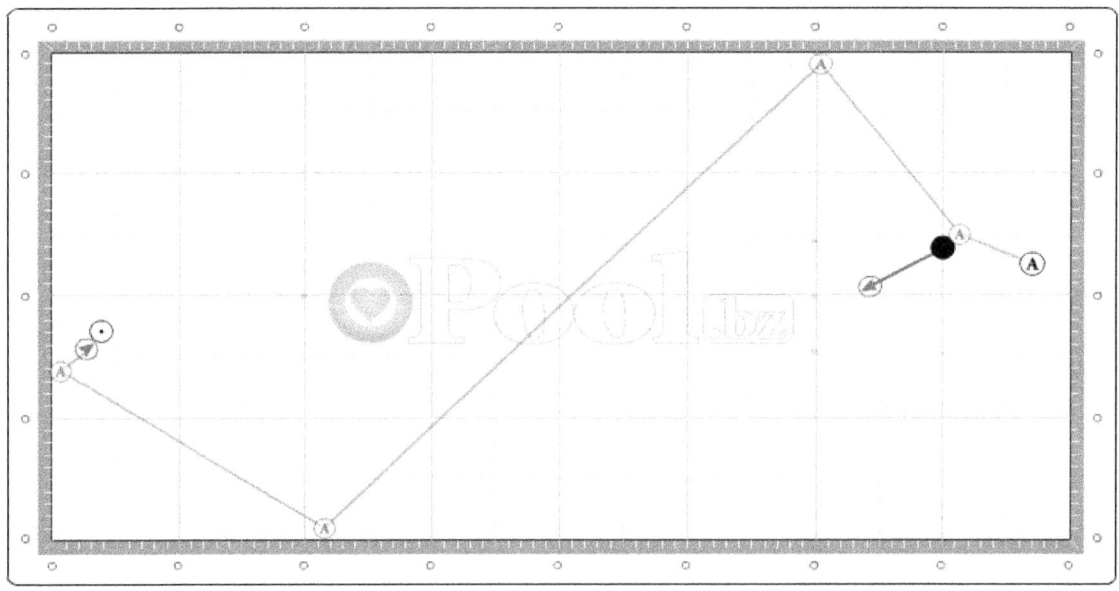

E:2d – Impostare

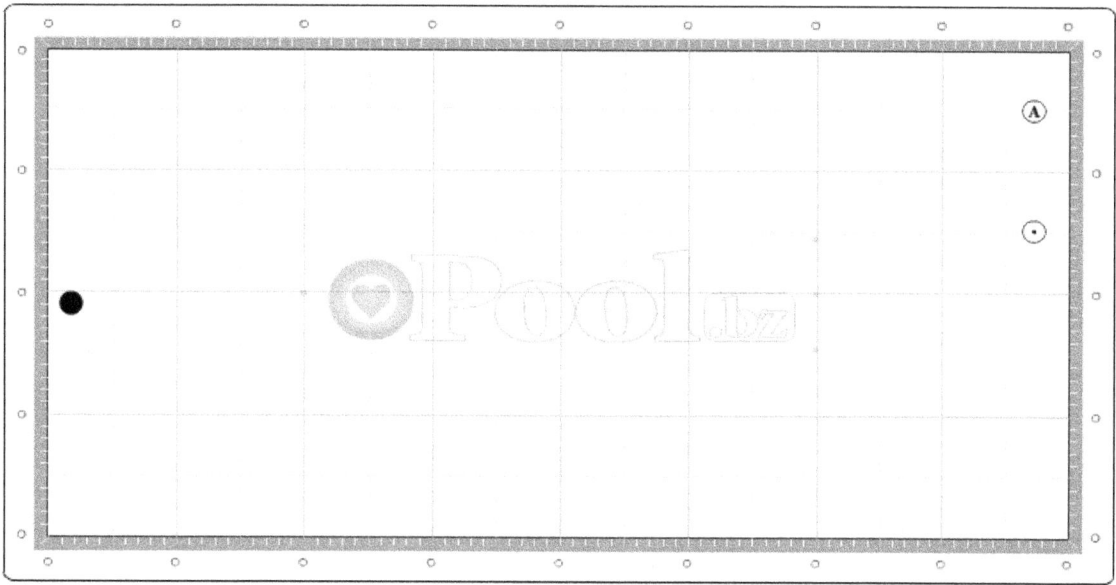

Note e idee:

Modello di colpo

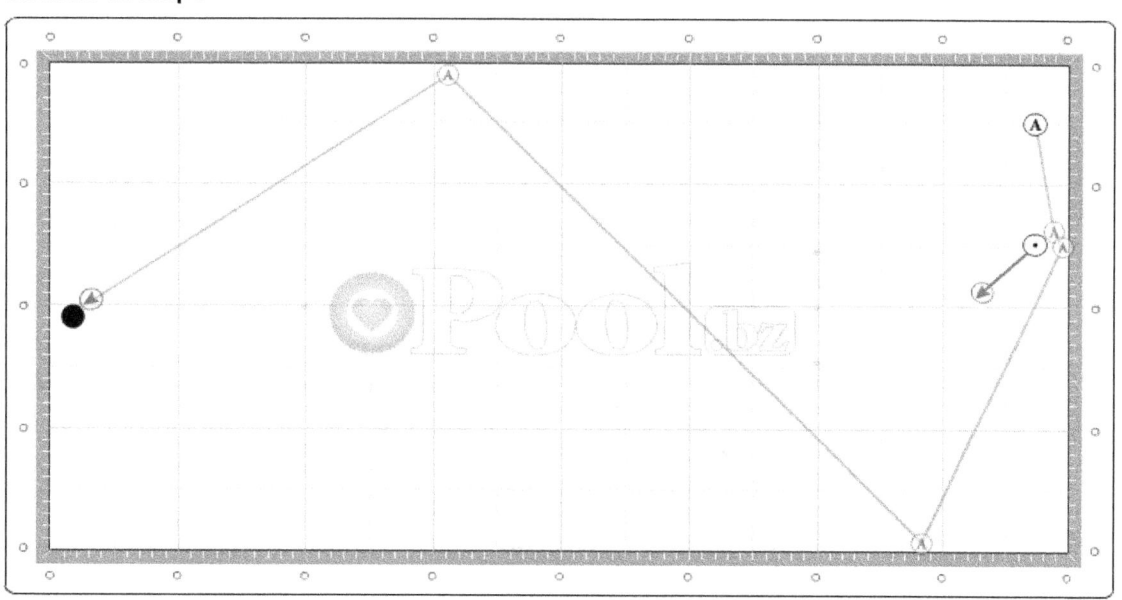

F: Lungo tavolo a zig-zag

Il modello a zig-zag (CB) si sposta su e giù lungo il tavolo.

(A) (CB) (la tua palla) - ⊙ (OB) (palla dell'avversario) - ● (OB) (palla rossa)

F: Gruppo 1

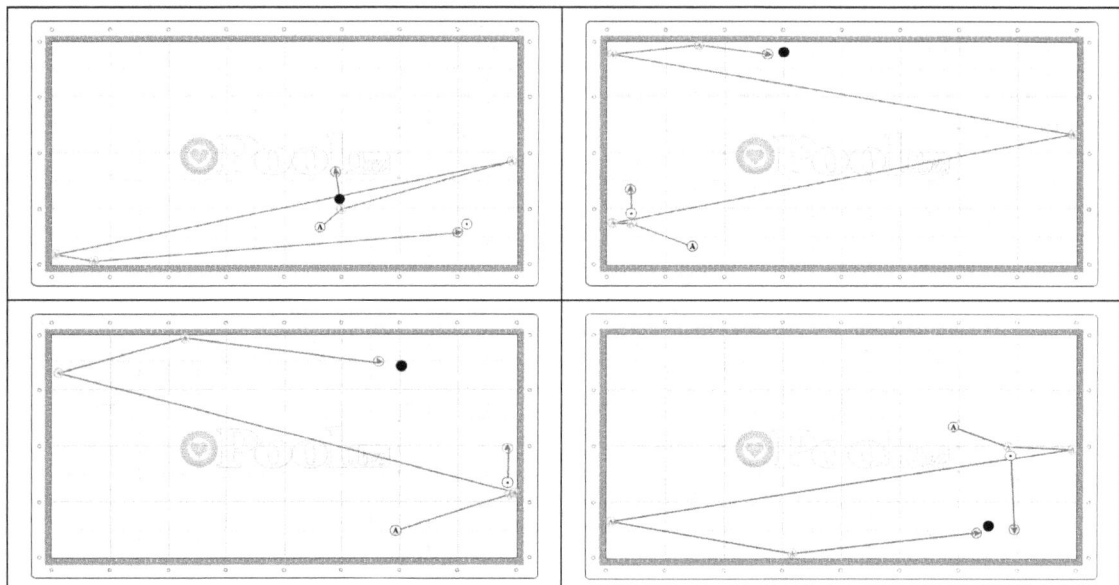

Analisi:

F:1a. _____

F:1b. _____

F:1c. _____

F:1d. _____

F:1a – Impostare

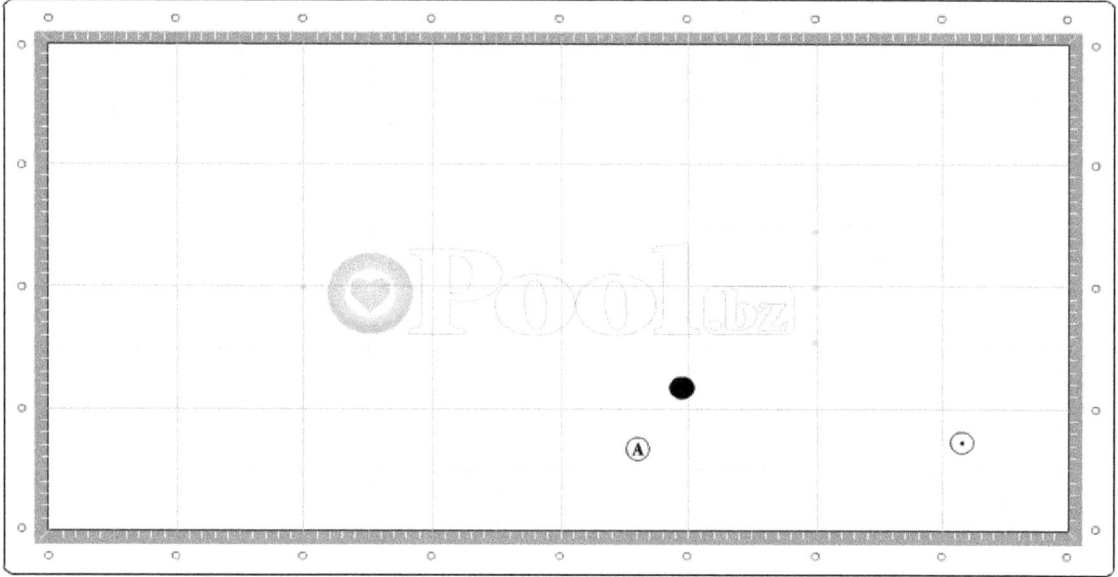

Note e idee:

Modello di colpo

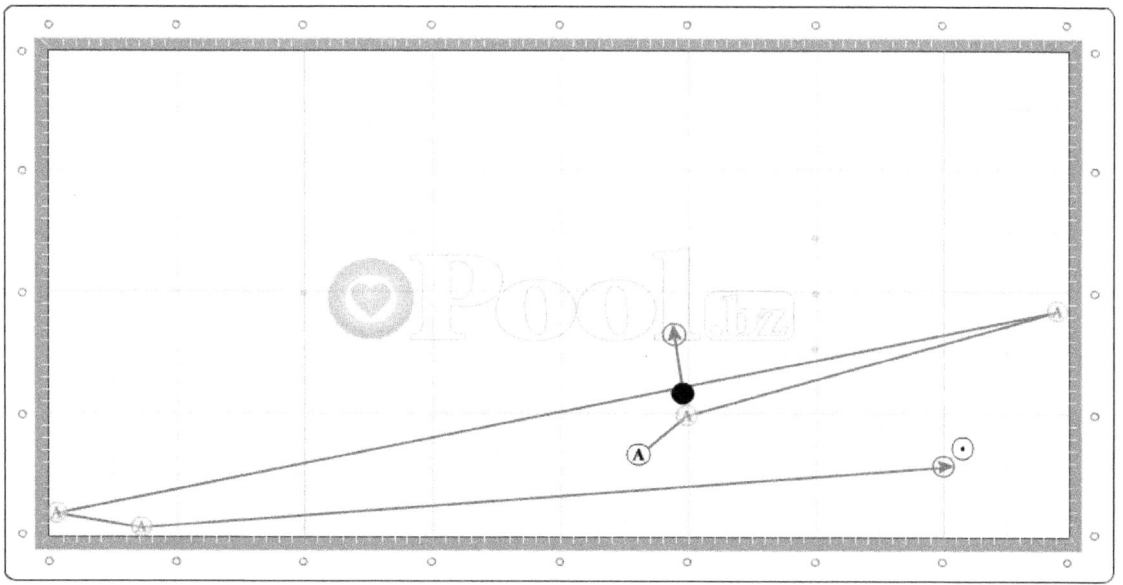

F:1b – Impostare

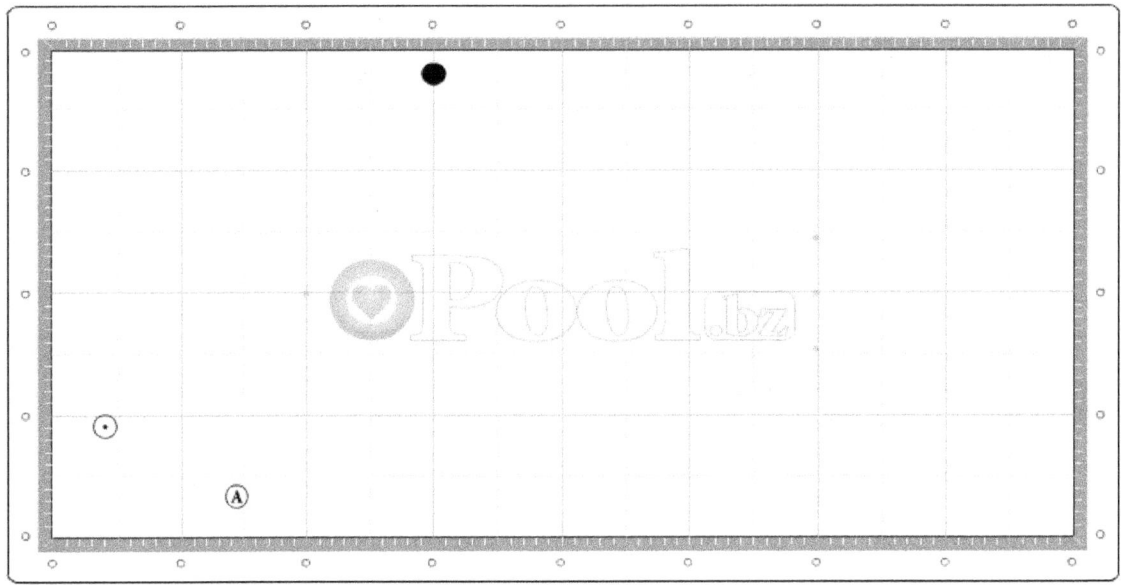

Note e idee:

Modello di colpo

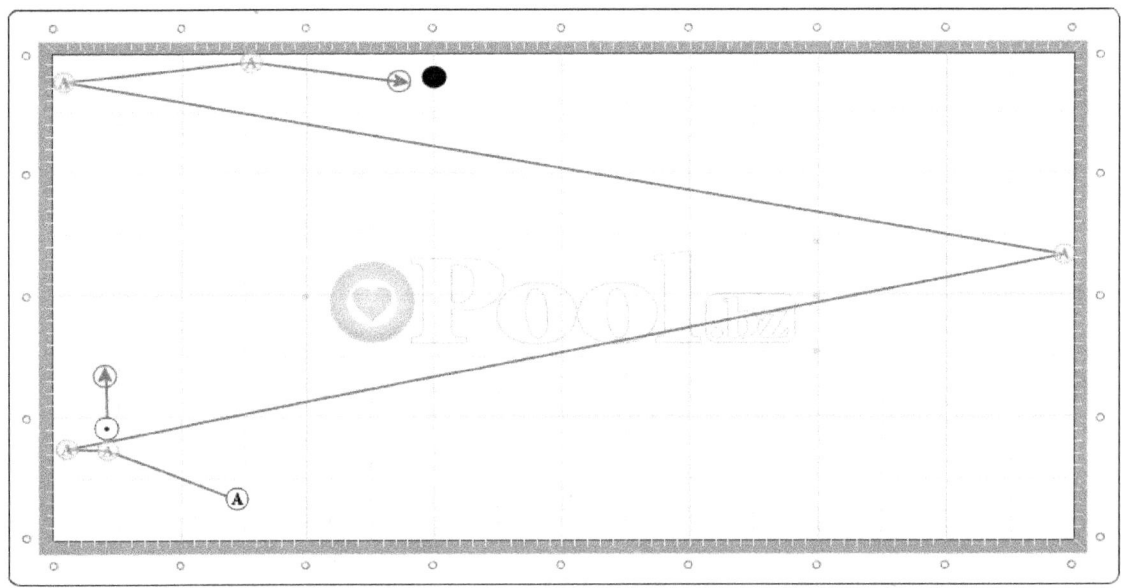

F:1c – Impostare

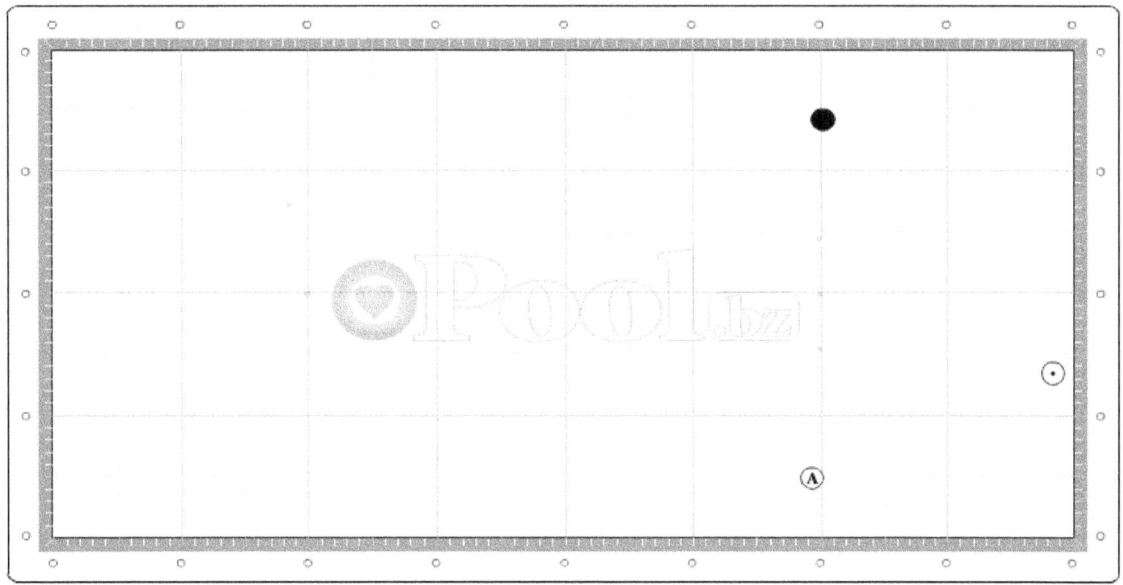

Note e idee:

Modello di colpo

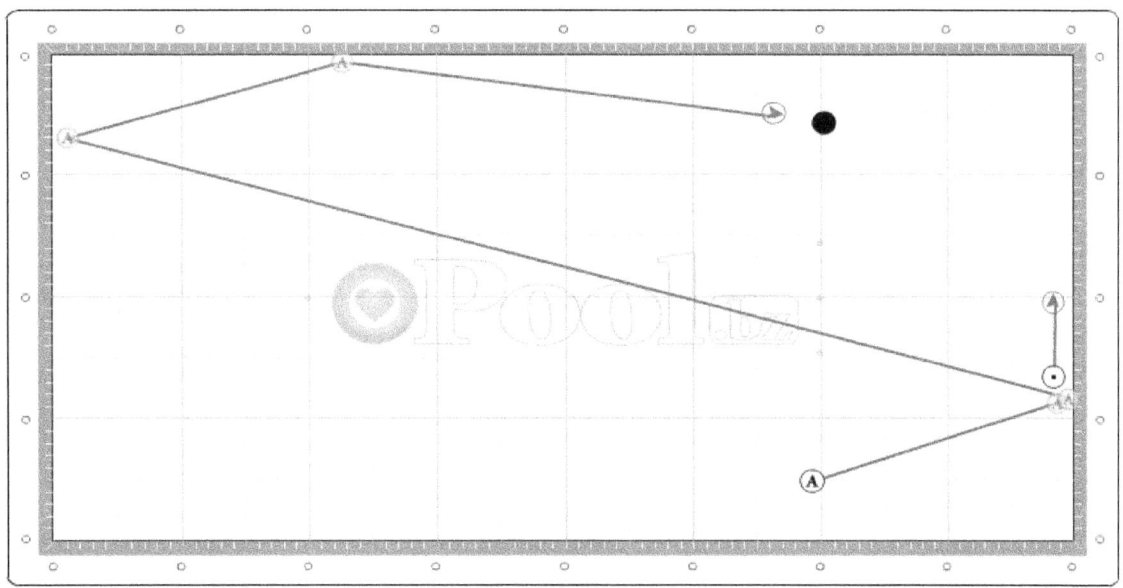

F:1d – Impostare

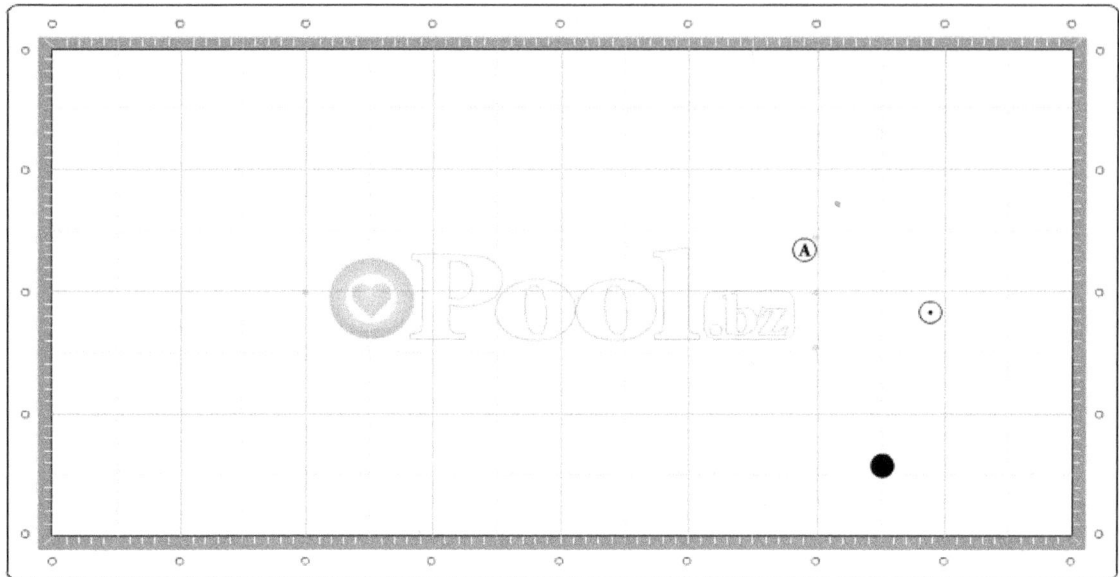

Note e idee:

Modello di colpo

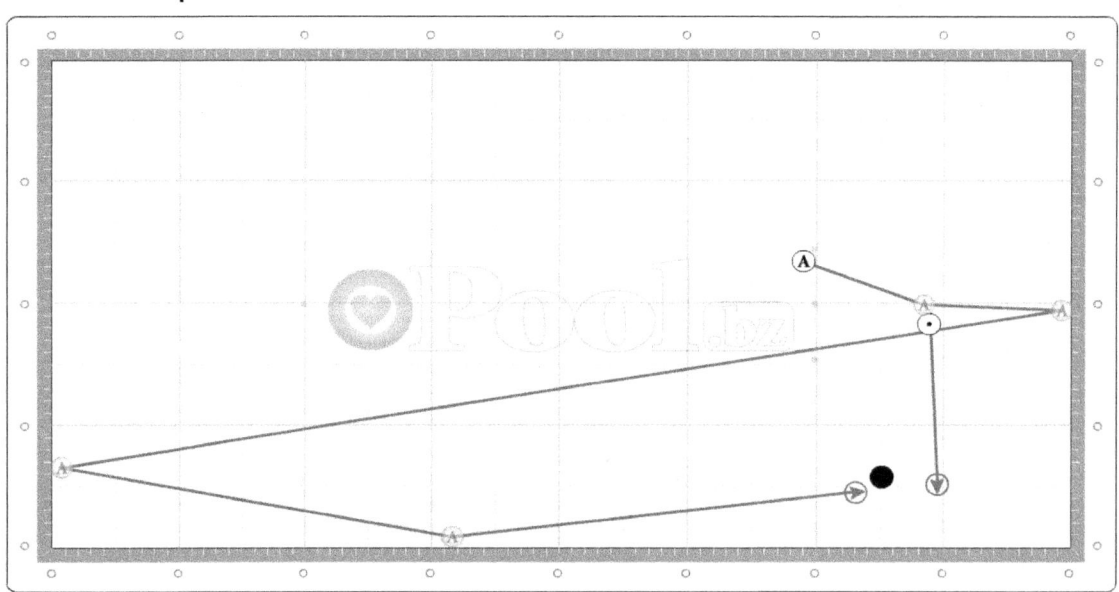

F: Gruppo 2

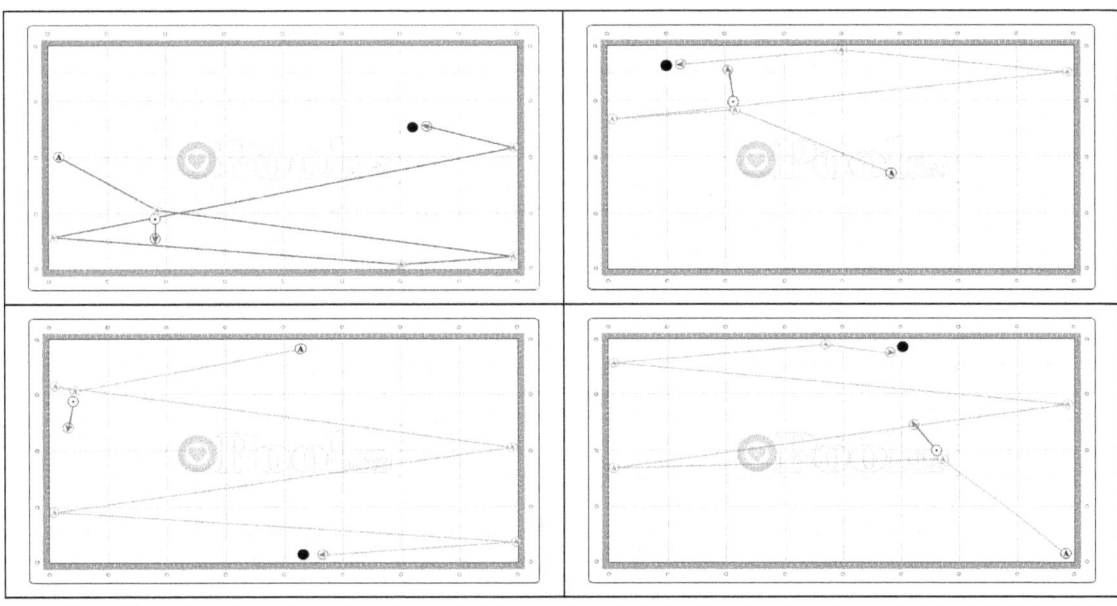

Analisi:

F:2a. _____

F:2b. _____

F:2c. _____

F:2d. _____

F:2a – Impostare

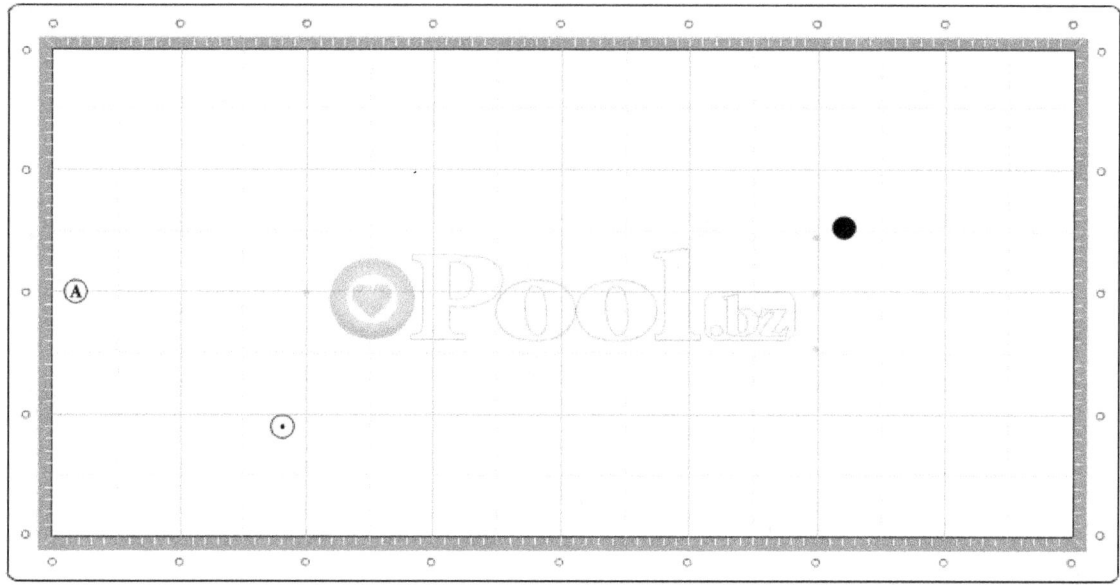

Note e idee:

Modello di colpo

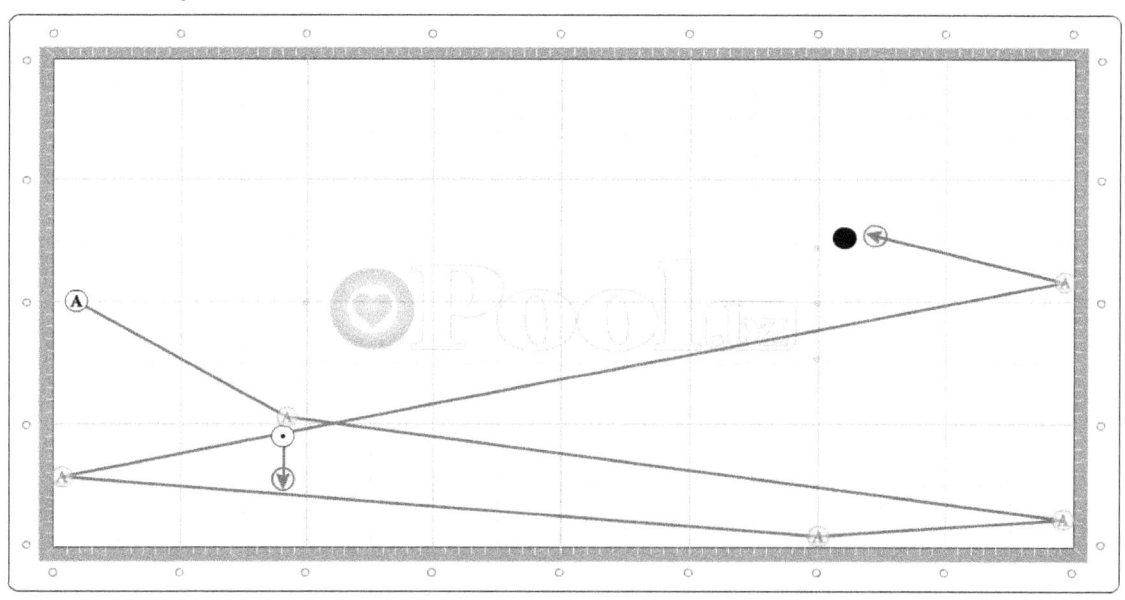

F:2b – Impostare

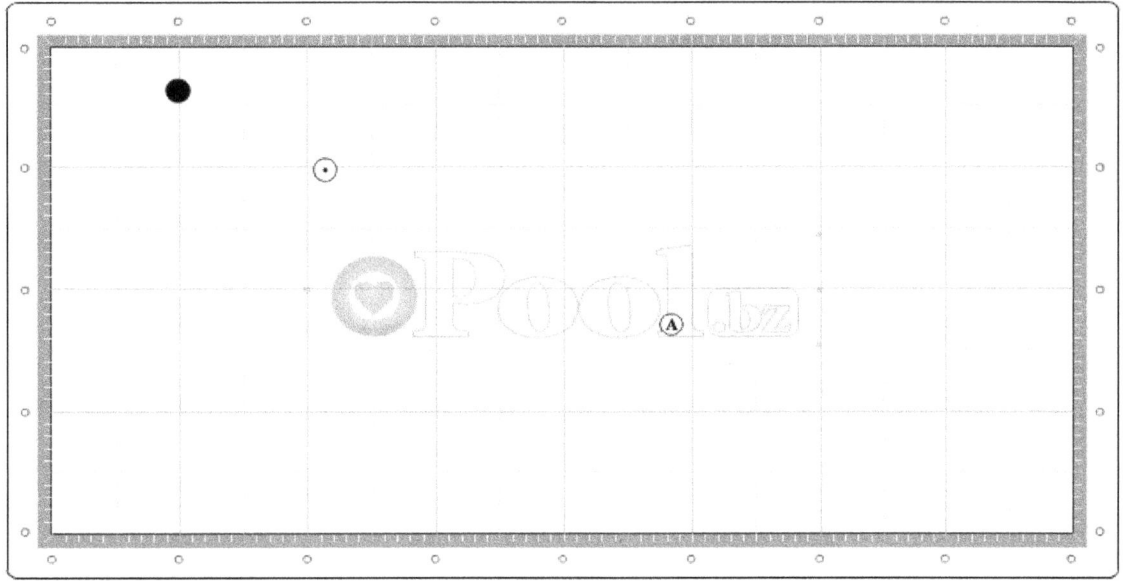

Note e idee:

Modello di colpo

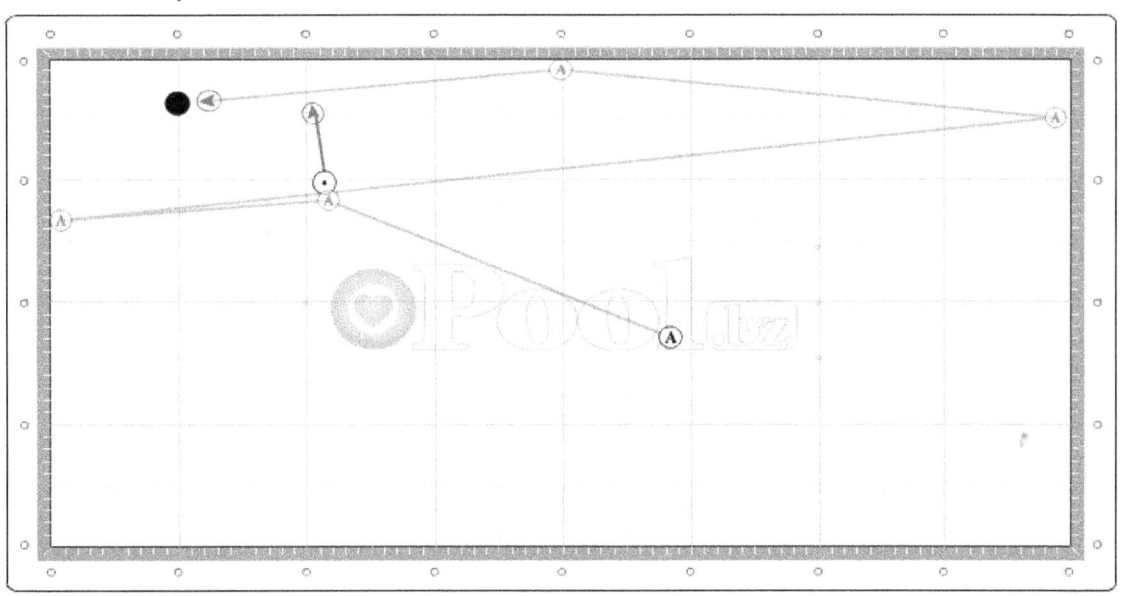

F:2c – Impostare

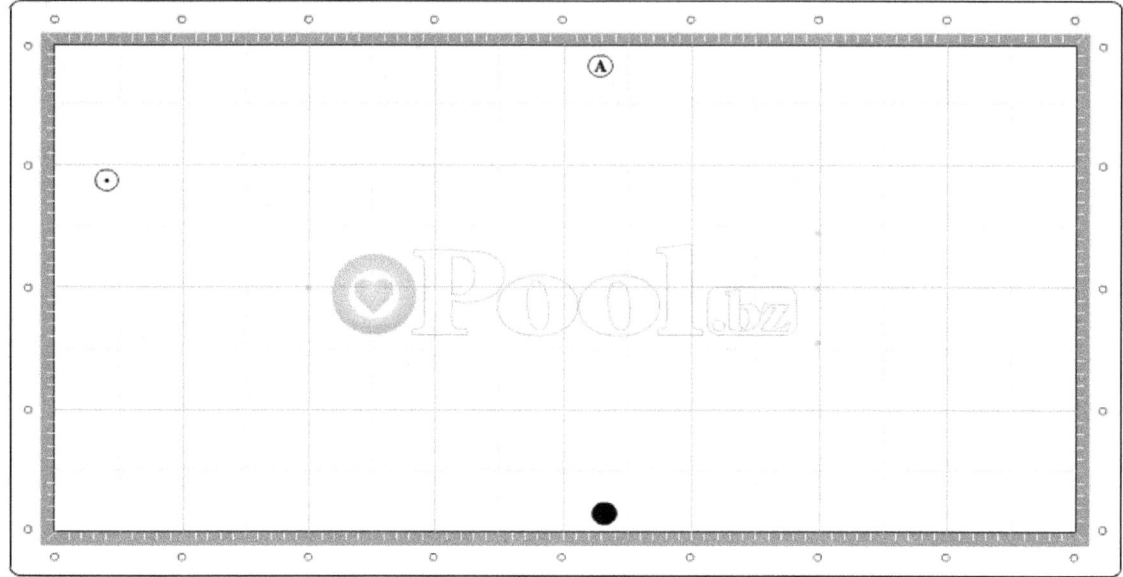

Note e idee:

Modello di colpo

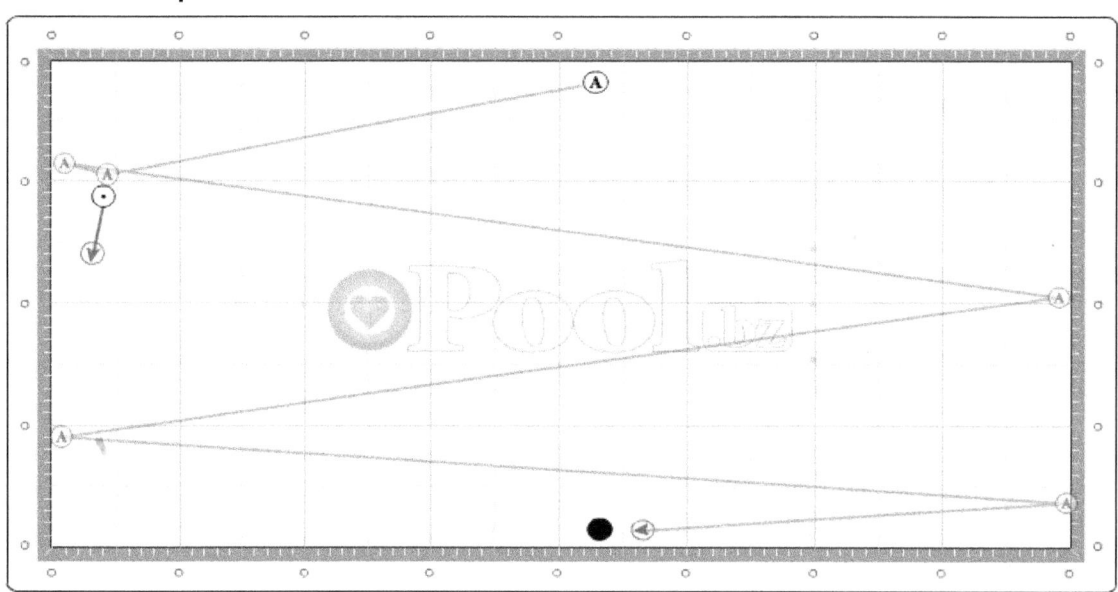

F:2d – Impostare

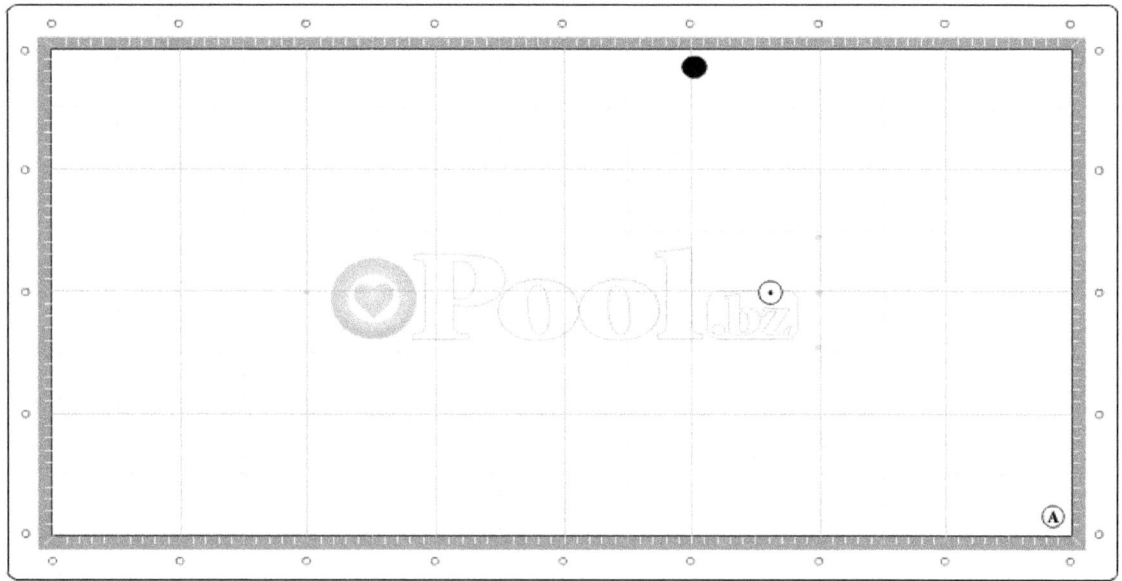

Note e idee:

Modello di colpo

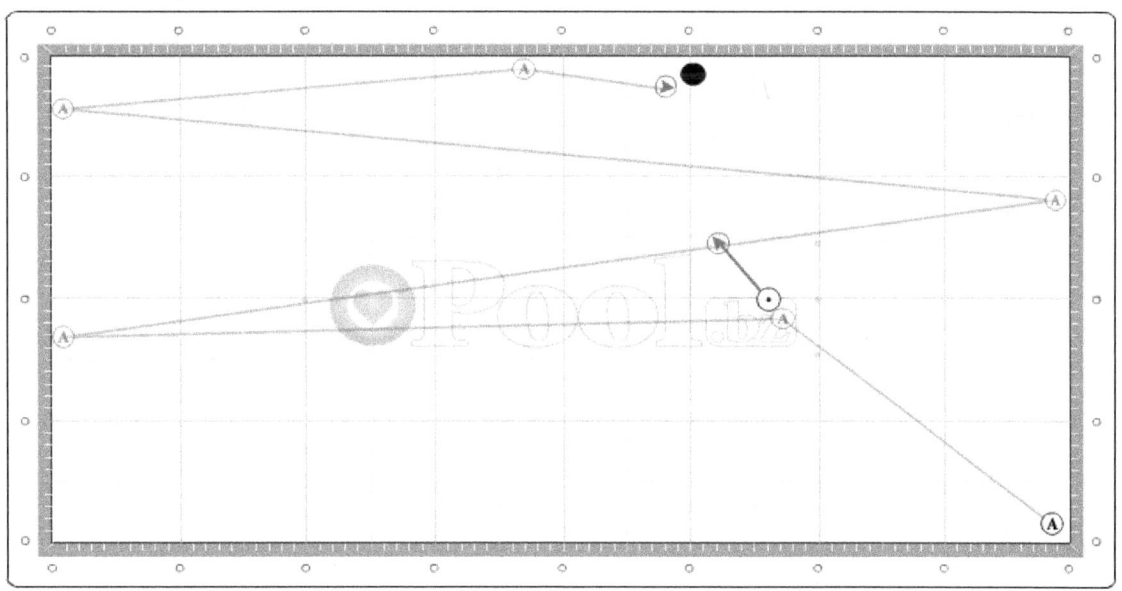

F: Gruppo 3

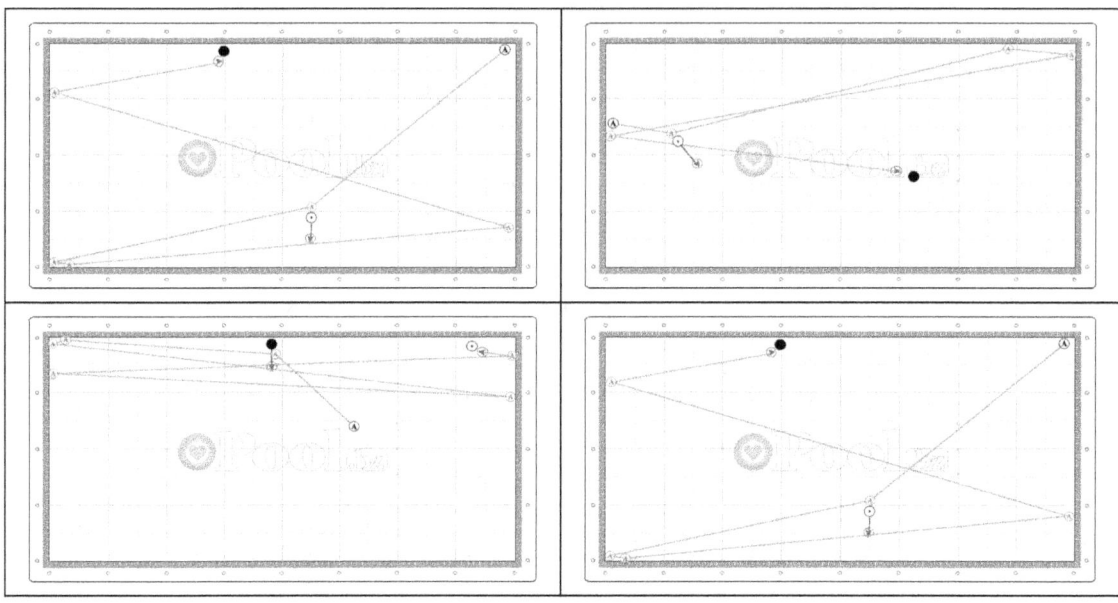

Analisi:

F:3a. _____

F:3b. _____

F:3c. _____

F:3d. _____

F:3a – Impostare

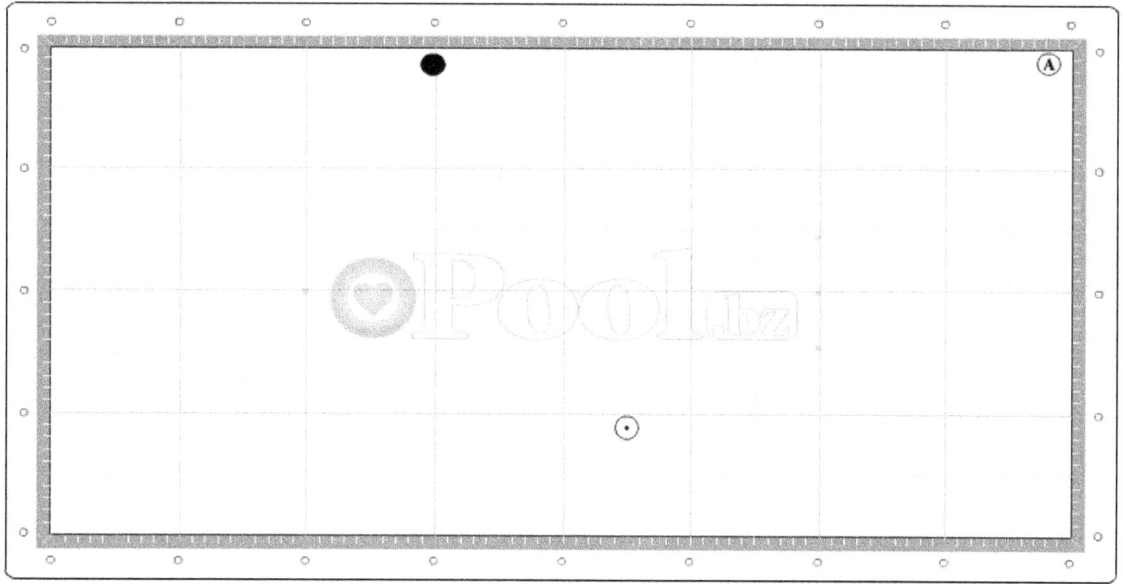

Note e idee:

Modello di colpo

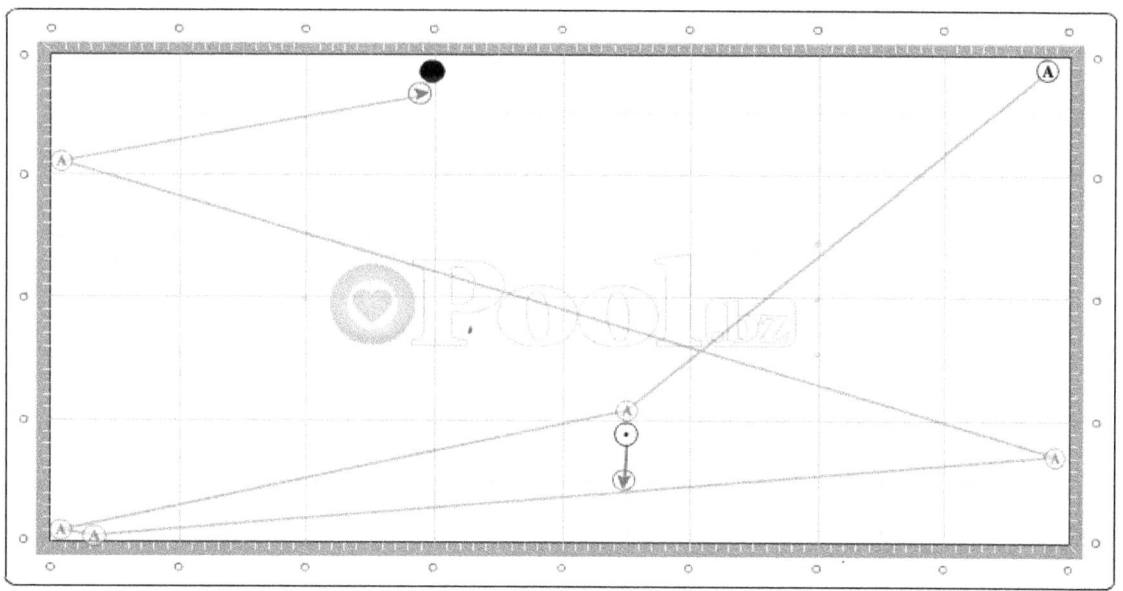

F:3b – Impostare

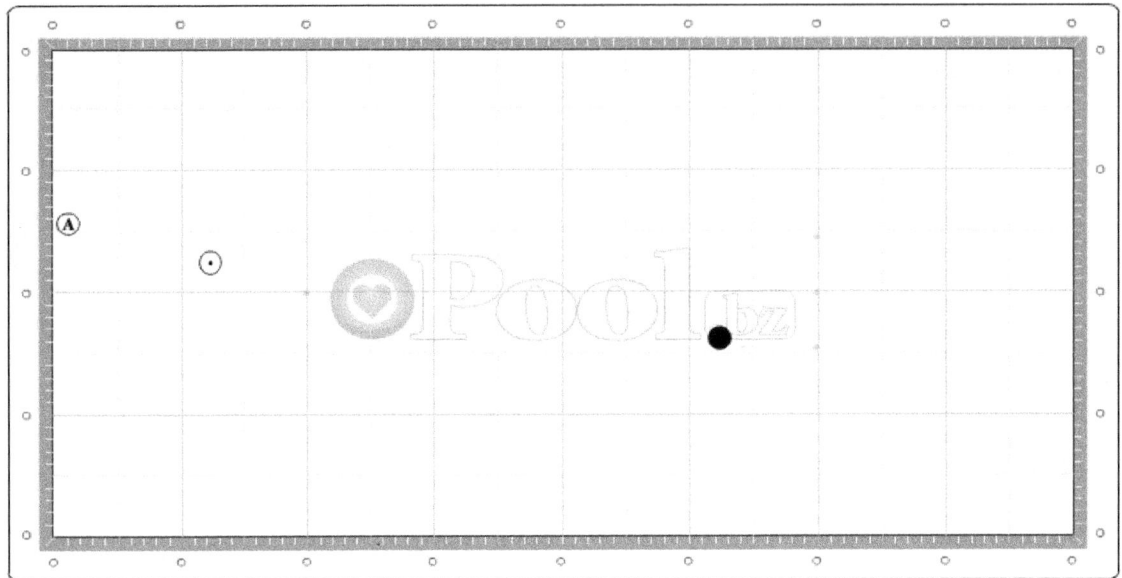

Note e idee:

Modello di colpo

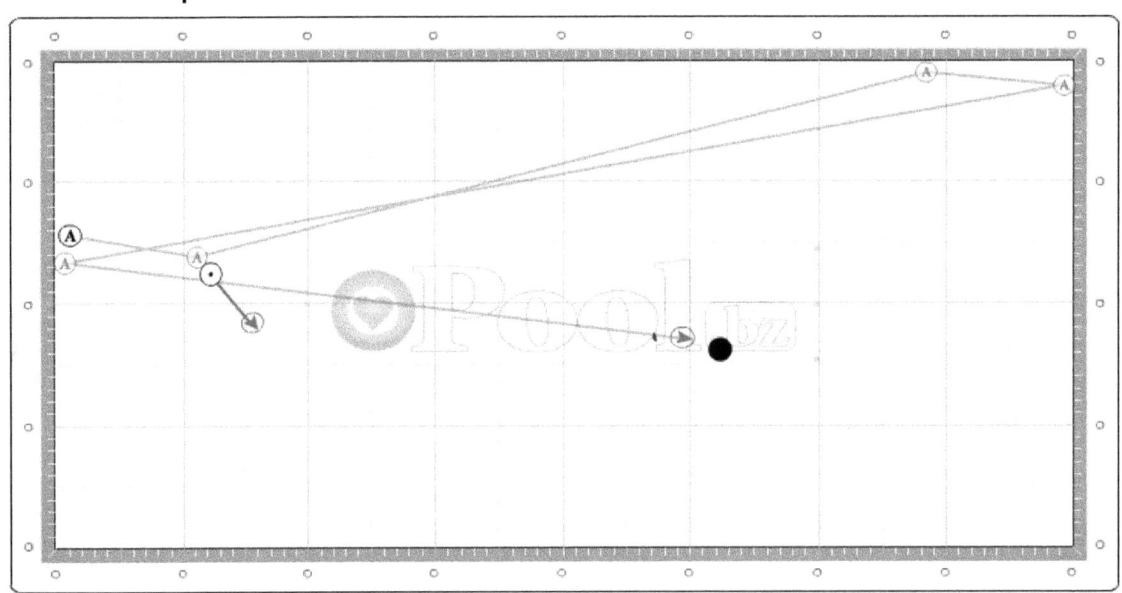

F:3c – Impostare

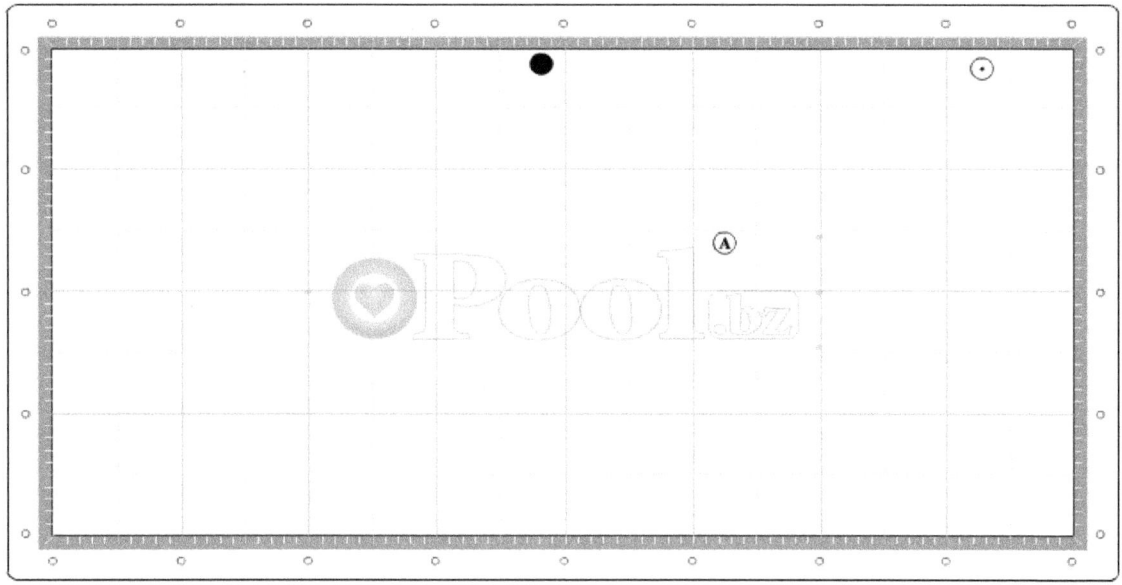

Note e idee:

Modello di colpo

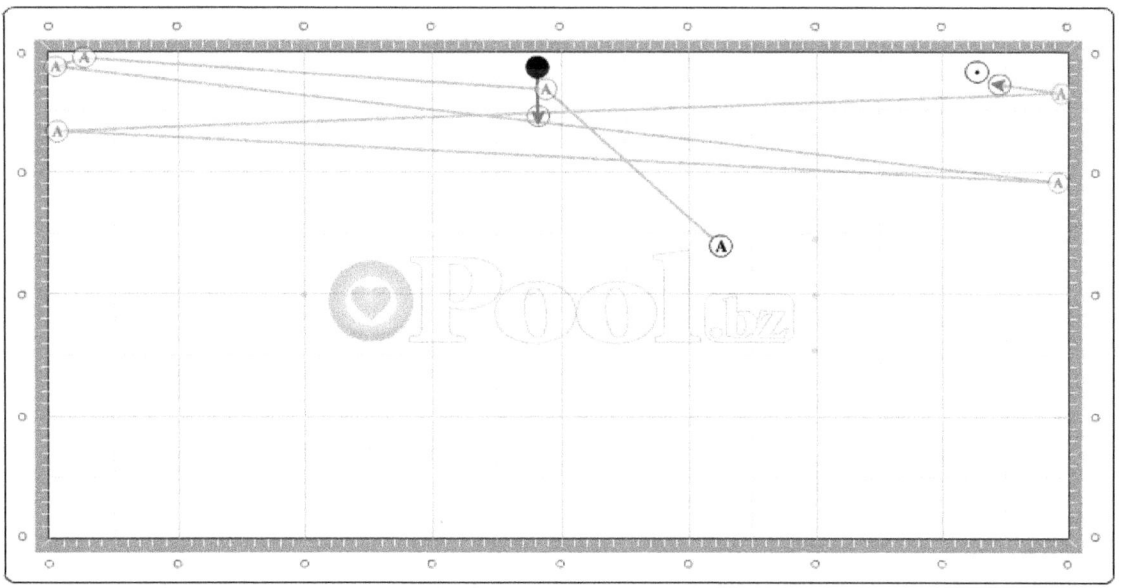

F:3d – Impostare

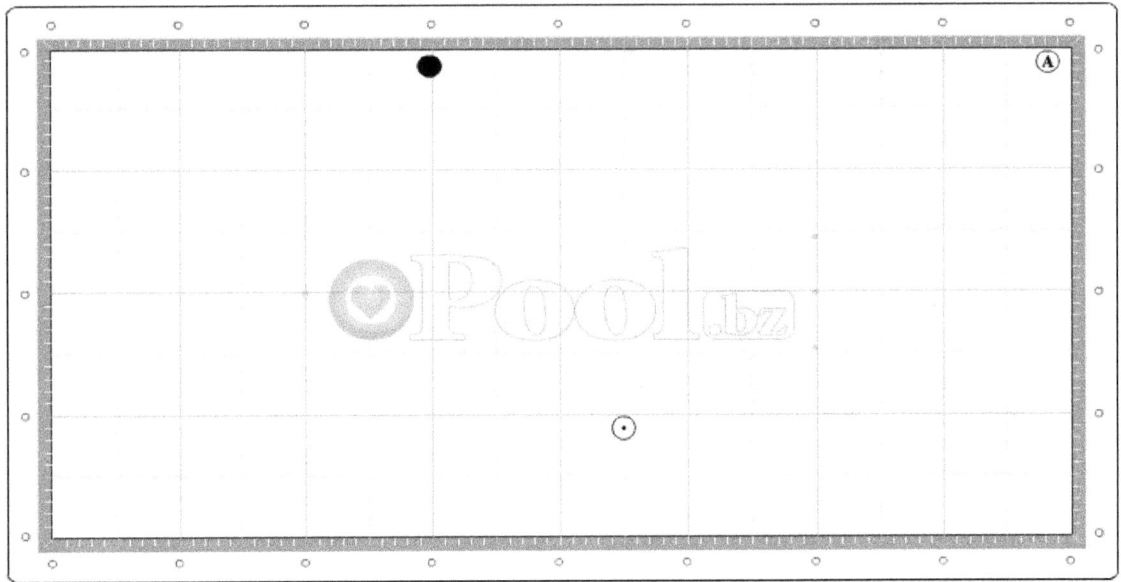

Note e idee:

Modello di colpo

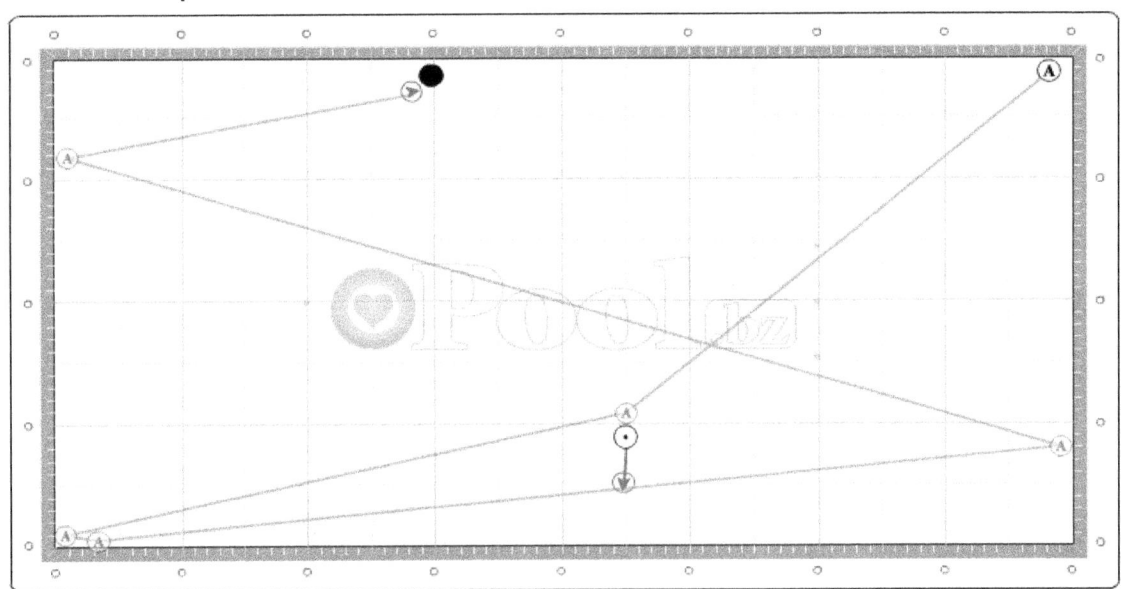

F: Gruppo 4

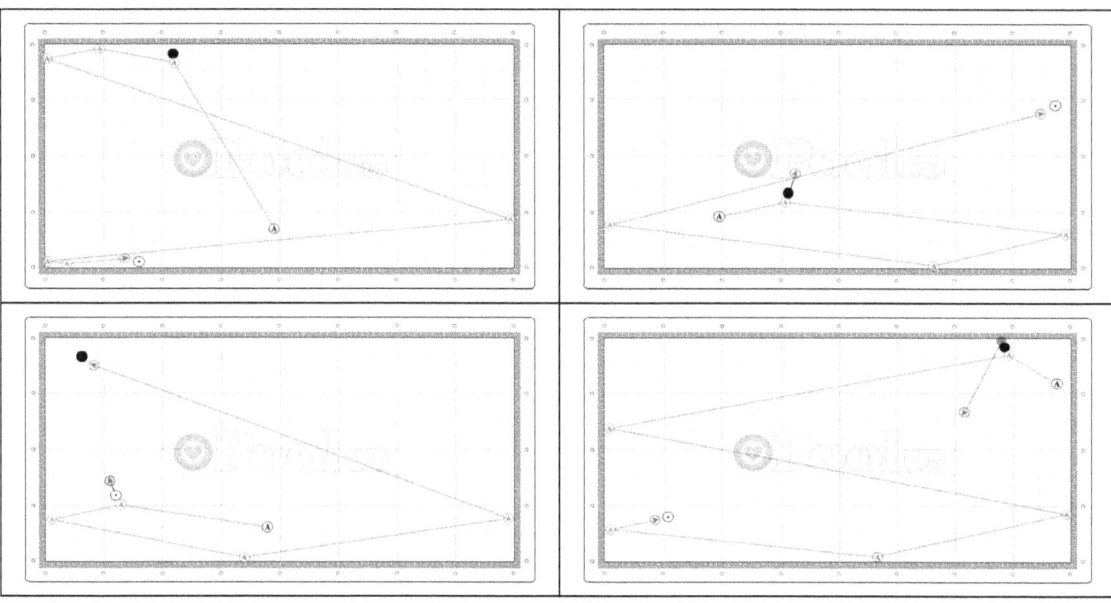

Analisi:

F:4a. _____

F:4b. _____

F:4c. _____

F:4d. _____

F:4a – Impostare

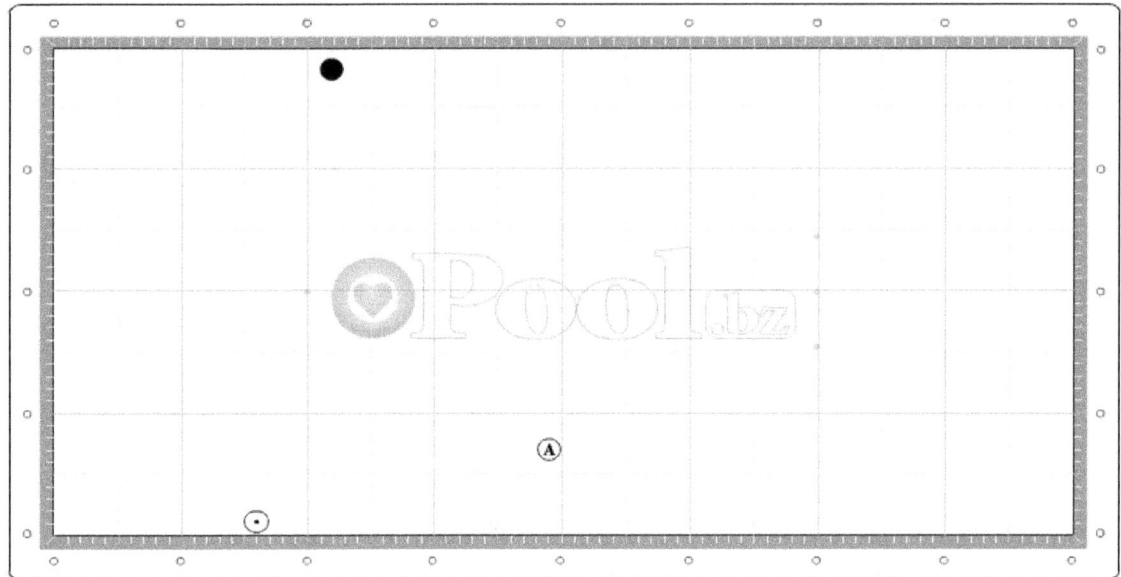

Note e idee:

Modello di colpo

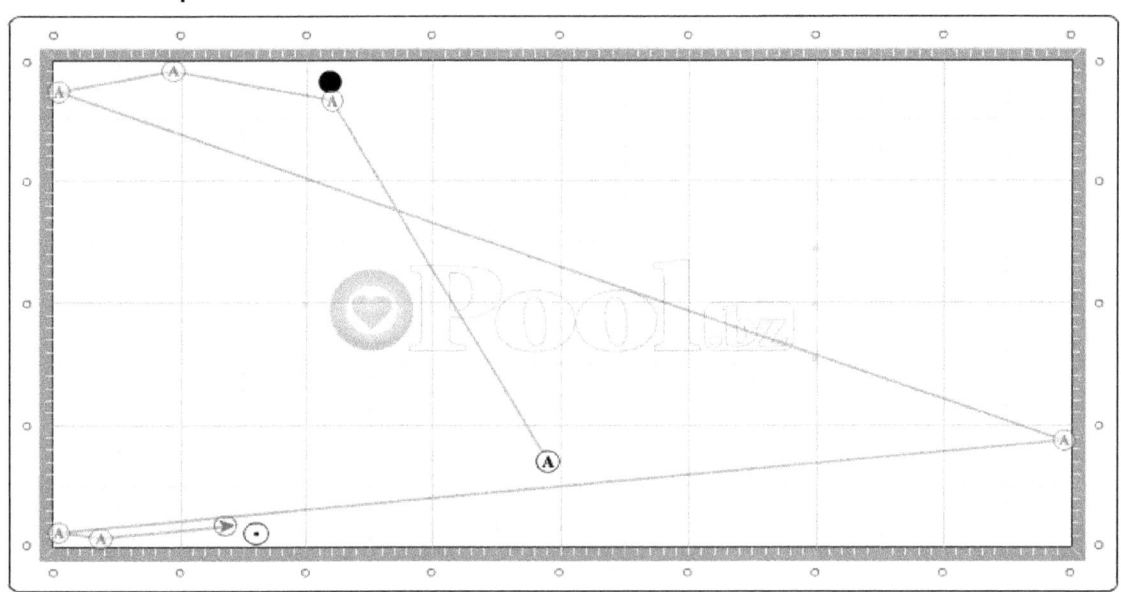

F:4b – Impostare

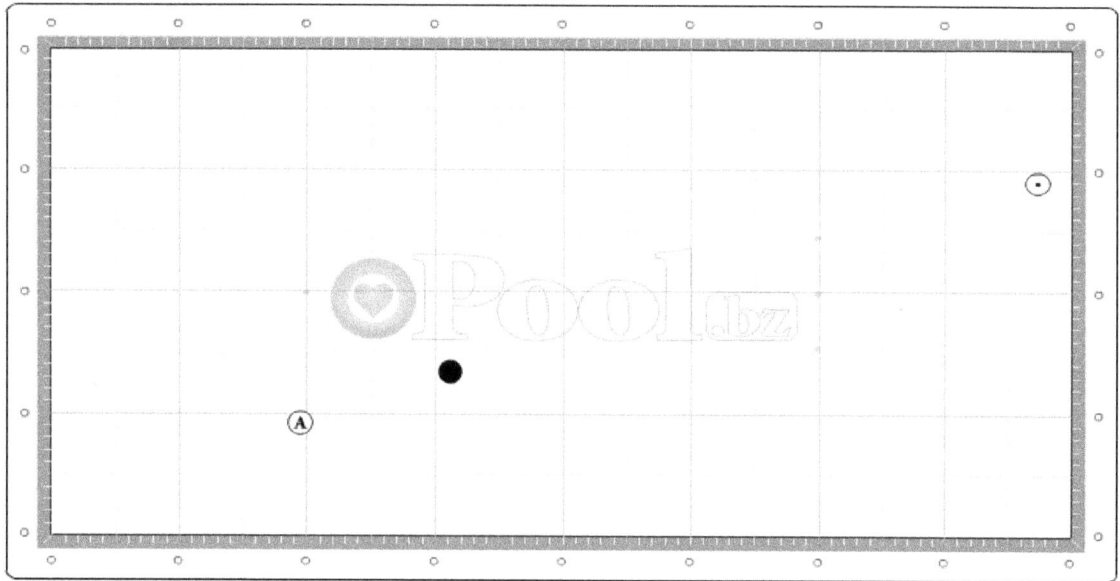

Note e idee:

Modello di colpo

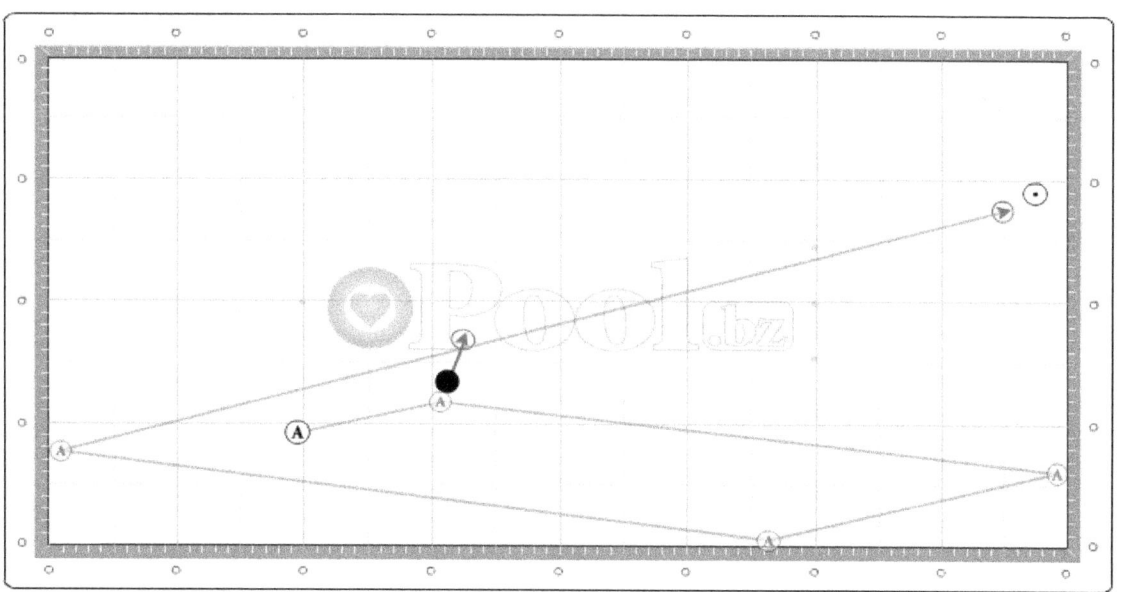

F:4c – Impostare

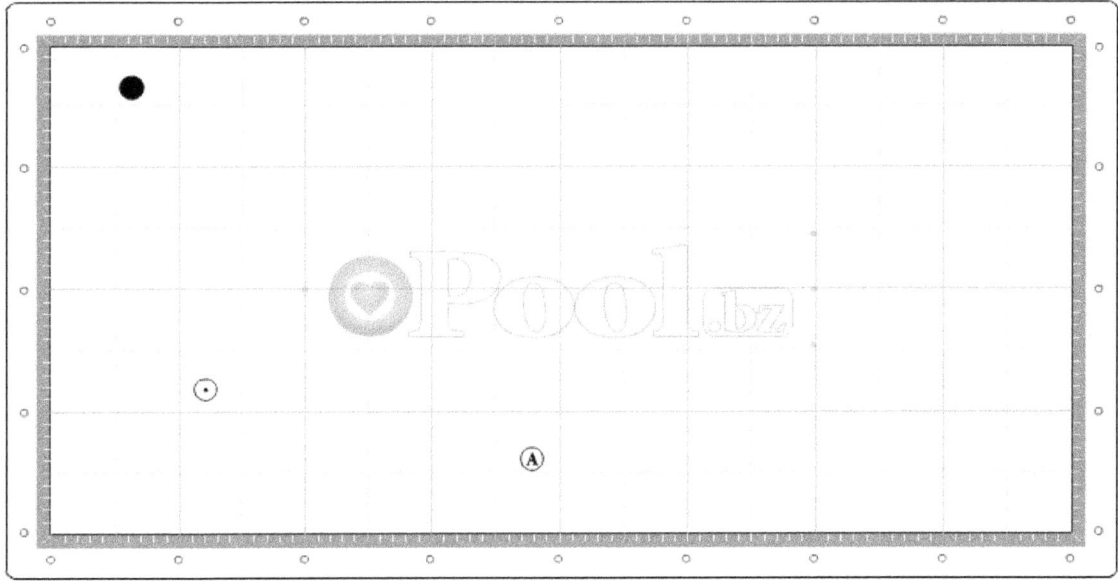

Note e idee:

Modello di colpo

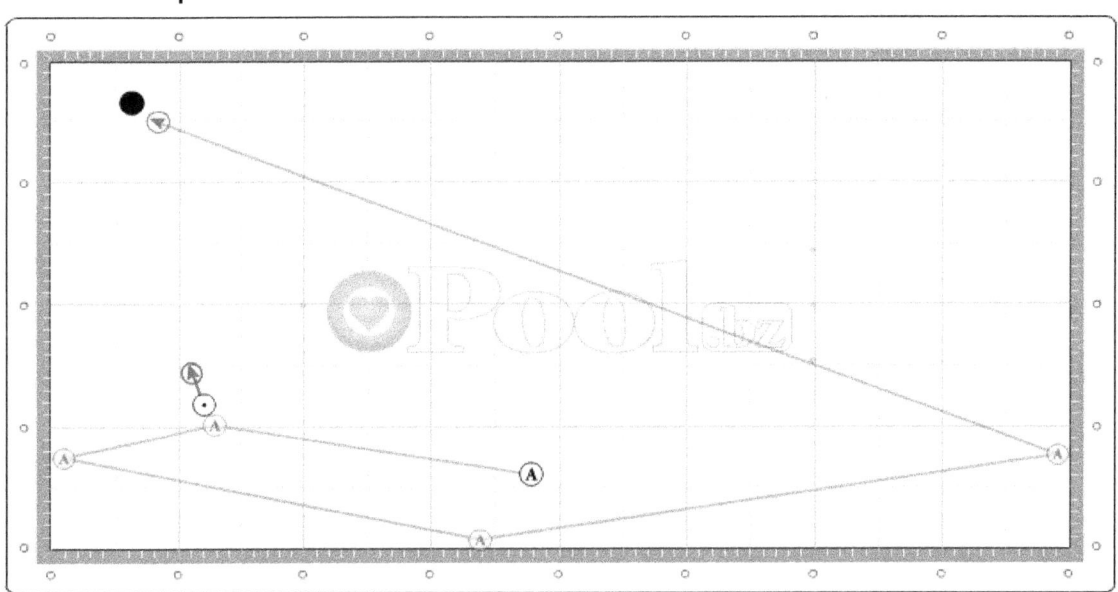

F:4d – Impostare

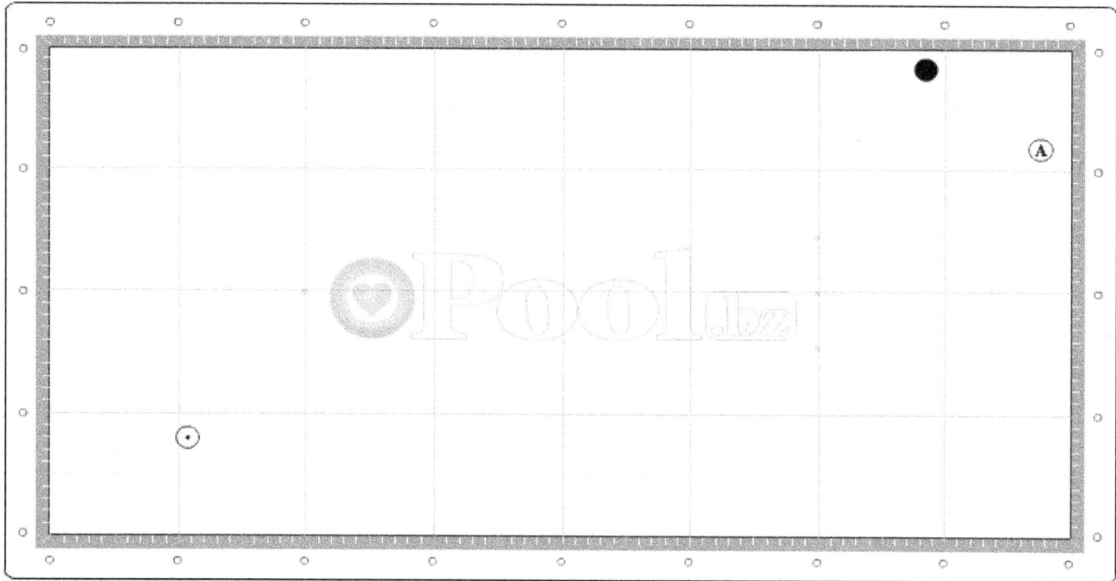

Note e idee:

Modello di colpo

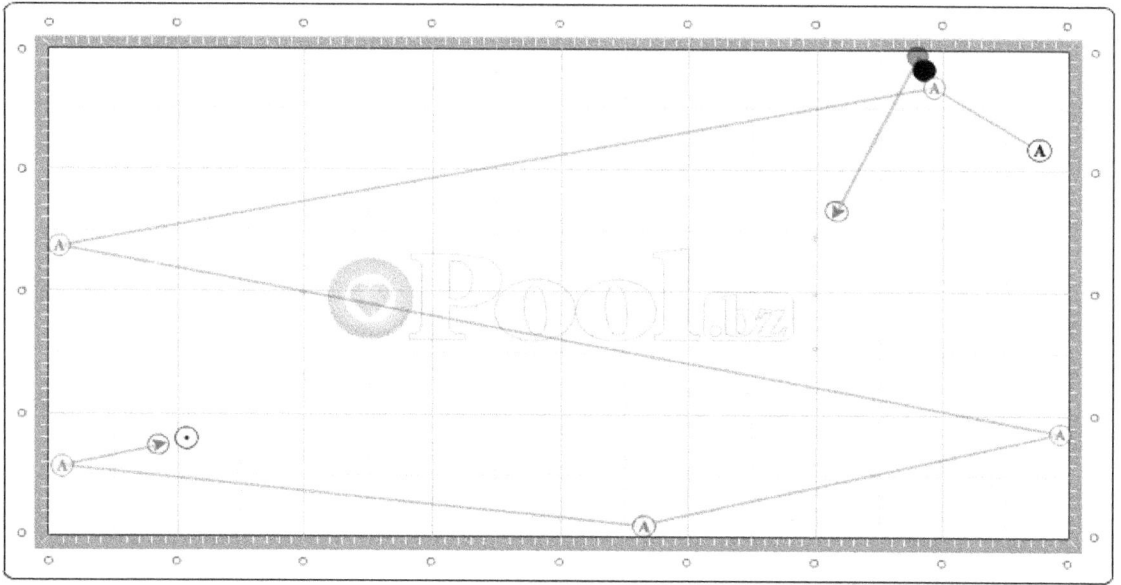

F: Gruppo 5

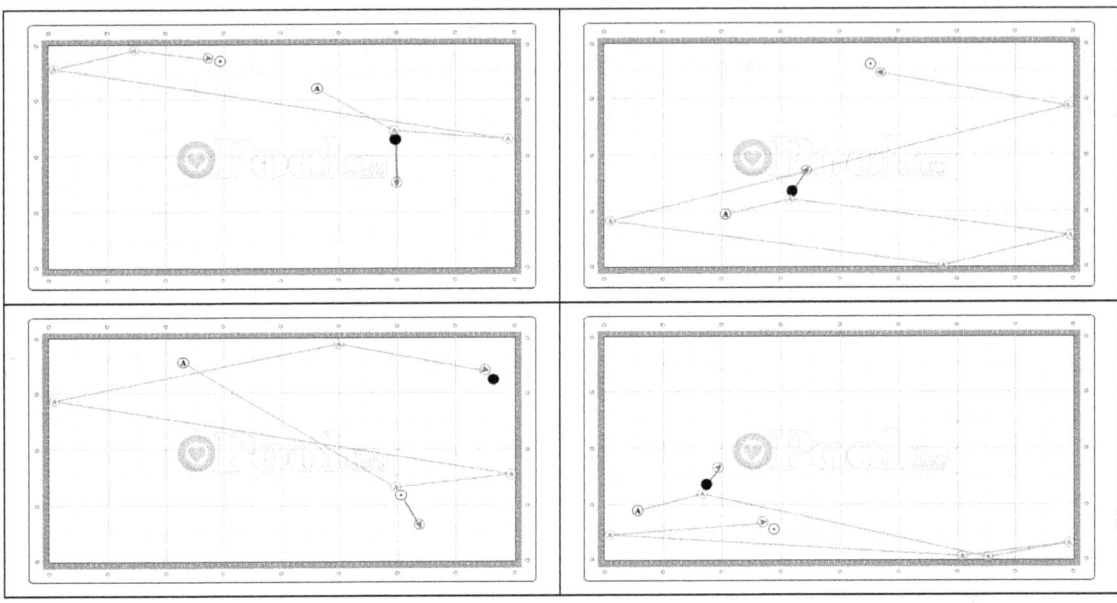

Analisi:

F:5a. _____

F:5b. _____

F:5c. _____

F:5d. _____

F:5a – Impostare

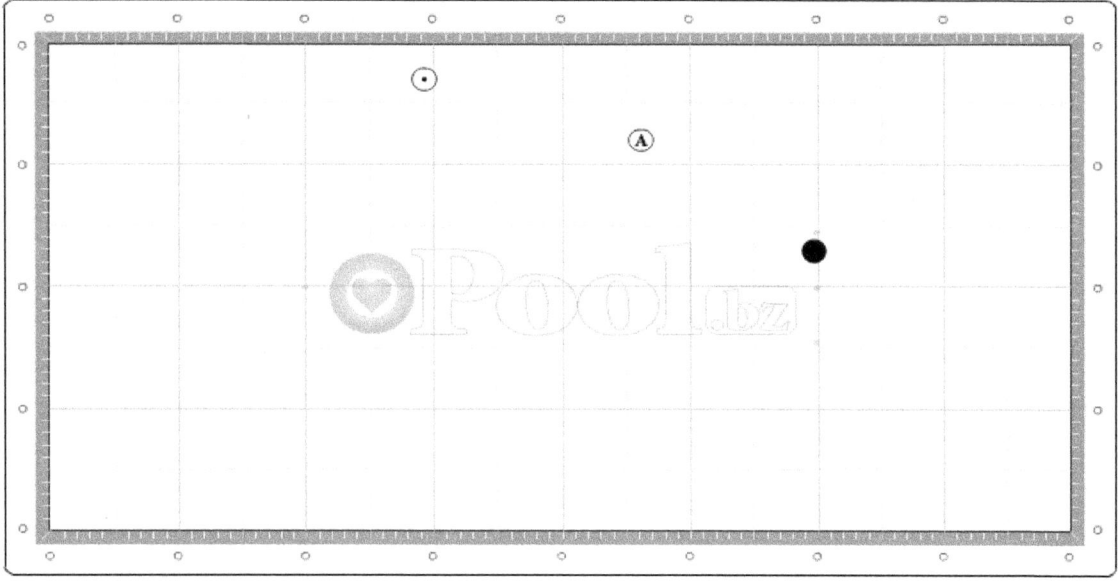

Note e idee:

Modello di colpo

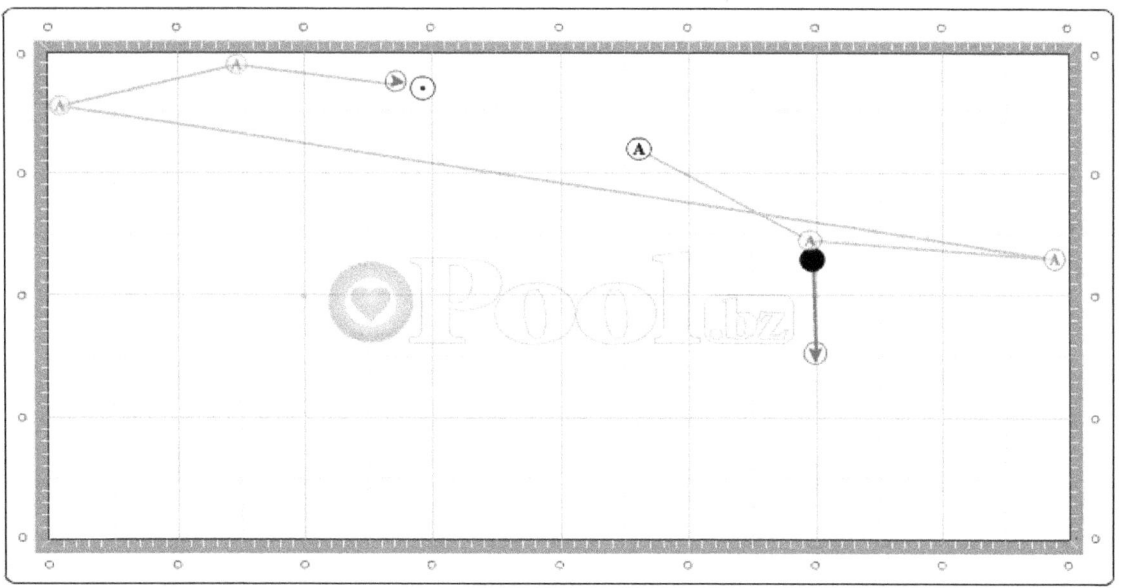

F:5b – Impostare

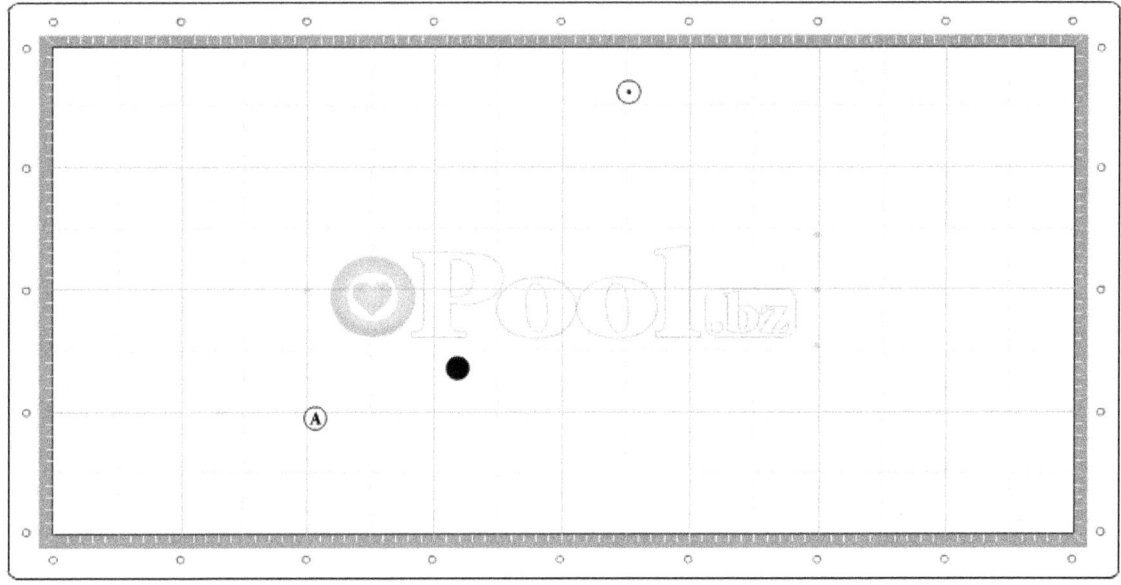

Note e idee:

Modello di colpo

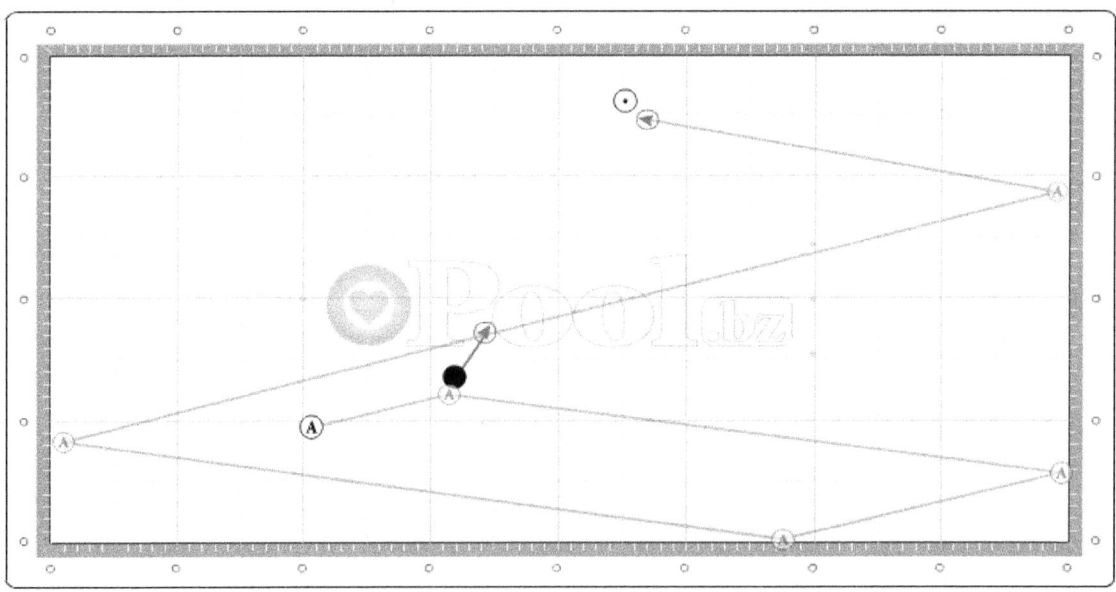

F:5c – Impostare

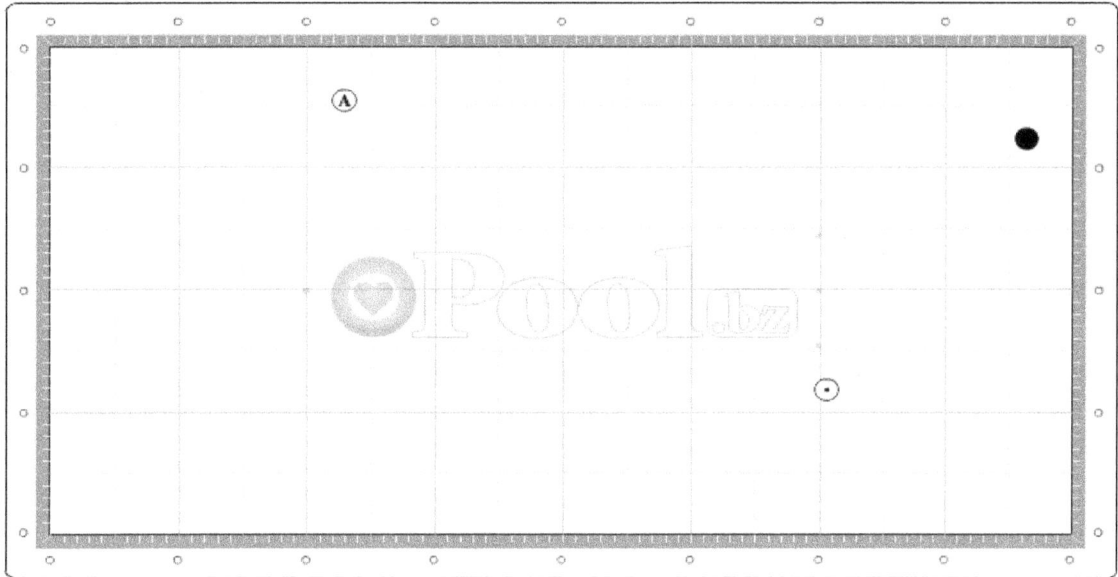

Note e idee:

Modello di colpo

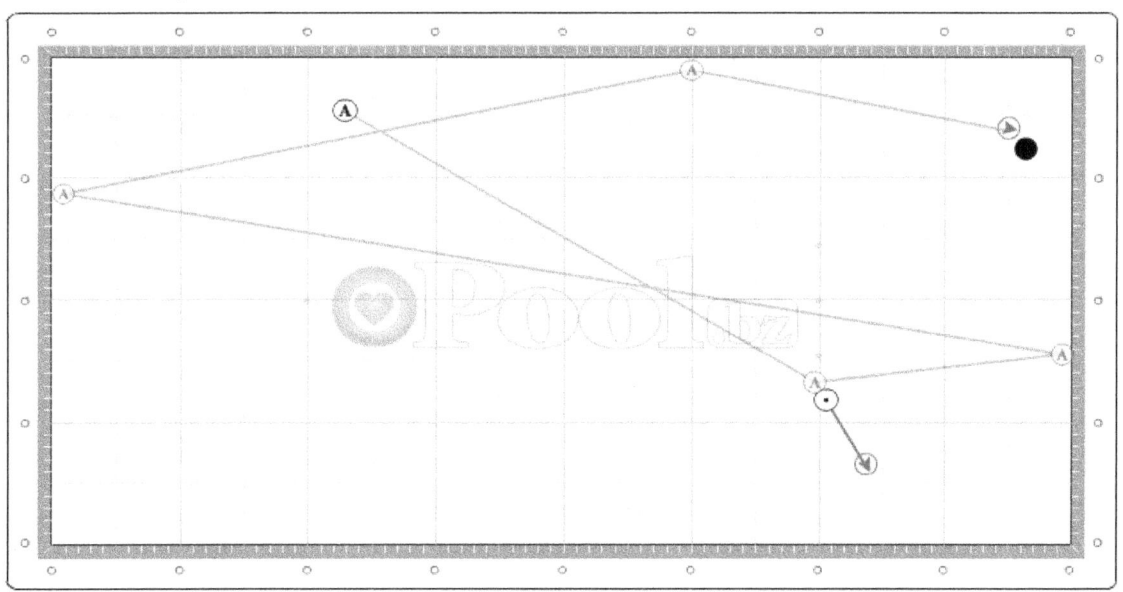

F:5d – Impostare

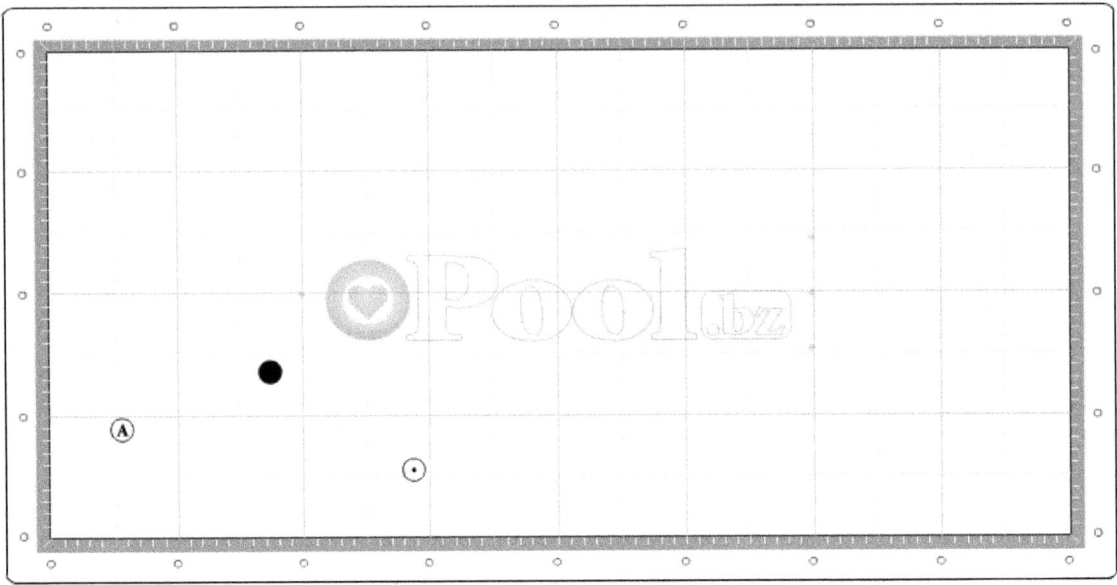

Note e idee:

Modello di colpo

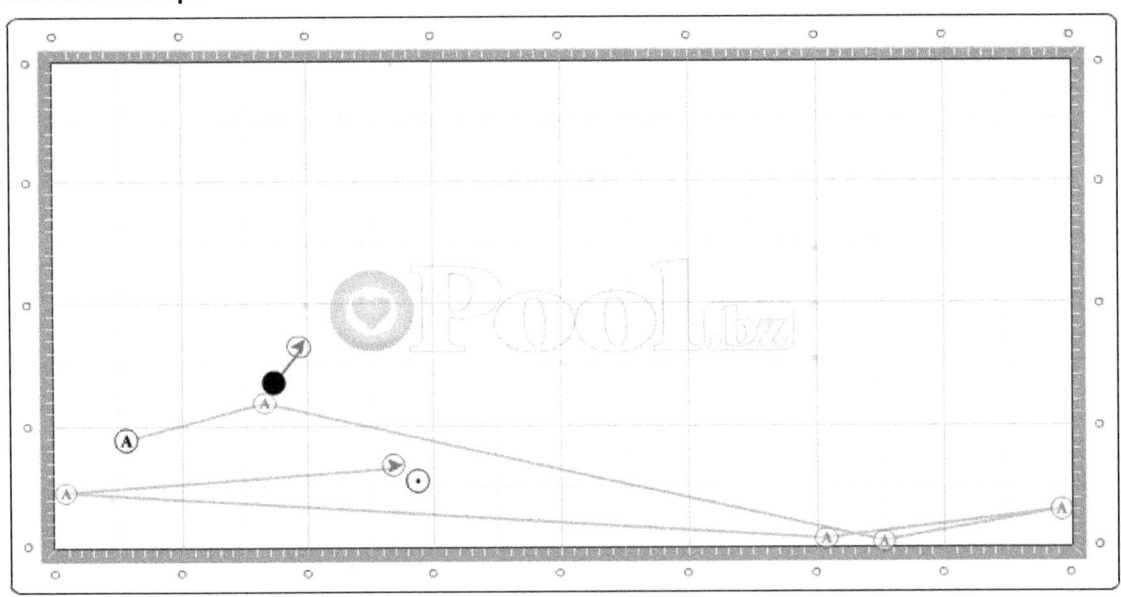